Sozialwissenschaftliche Forschungen
Herausgegeben von der
Sozialwissenschaftlichen Arbeitsgemeinschaft
Abteilung I, Heft 2

Die volkswirtschaftliche Erfüllbarkeit der Reparationsverpflichtungen, im Rahmen des paneuropäischen Wiederaufbauproblems

Von

Dr. Gunther-Erfrid Heinecke

Berlin und Leipzig 1924
Walter de Gruyter & Co.
vormals G. J. Göschen'sche Verlagshandlung — J. Guttentag, Verlagsbuchhandlung
Georg Reimer — Karl J. Trübner — Veit & Comp.

Die Not der Zeit hat die meisten deutschen Sammlungen von staats- und sozialwissenschaftlichen Abhandlungen zum Erliegen gebracht. Den Fachzeitschriften fehlt der Raum für größere Untersuchungen. In der Erkenntnis, daß nur eine Zusammenfassung der Kräfte Abhilfe schaffen könne, haben deshalb die sozialwissenschaftlichen Forscher Deutschlands die Herausgabe einer gemeinschaftlichen Sammlung beschlossen und eine Arbeitsgemeinschaft begründet, welche die sorgfältige Auslese der zu veröffentlichenden Abhandlungen sicherstellt. In dankenswerter Weise hat der Verlag Walter de Gruyter & Co. auf jeden Gewinn aus den »Sozialwissenschaftlichen Forschungen« verzichtet und leistet die Notgemeinschaft der deutschen Wissenschaft Zuschüsse zu den Herstellungskosten.

Mit wenigen Ausnahmen sind alle Lehrer der Staats- und Sozialwissenschaften an den deutschen Universitäten, landwirtschaftlichen, technischen und Iandelshochschulen und eine Anzahl Privatgelehrter der Arbeitsgemeinschaft beigetreten. Sie gliedert sich ebenso wie die »Sozialwissenschaftlichen Forschungen« bis auf weiteres in 5 Abteilungen. Der von den Fachgenossen gewählte Abteilungsvorsteher oder sein Stellvertreter entscheidet über die Annahme der eingereichten Arbeiten und trägt die Verantwortung als Herausgeber. Die Abteilungen und ihre Vorsteher sind die folgenden:

I. Allgemeine Nationalökonomie (mit Einschluß des Bevölkerungswesens), Soziologie, allgemeine Sozialpolitik, allgemeine Probleme der Statistik, der Wirtschaftsgeschichte und -geographie.

Professor **Diehl**-Freiburg,
„ **Alfred Weber**-Heidelberg,
„ **v. Zwiedineck-Südenhorst**-München.

II. Agrar- und Siedlungswesen (auch Forstwesen, Jagd, Fischerei) mit Einschluß der nationalökonomischen Probleme der landwirtschaftlichen Betriebslehre.

Professor **Sering**-Berlin,
„ **Gerlach**-Königsberg,
Dr. **Keup**-Berlin.

III. Gewerbe (Bergbau, Industrie, Handwerk) mit Einschluß der gewerblichen Sozialpolitik.

Professor **Herkner**-Berlin,
„ **Adolf Weber**-München,
„ **Heyde**-Berlin und Rostock.

IV. Handel und Verkehr, Bank- und Börsenwesen, Versicherungswesen, auswärtige Wirtschaftspolitik.

Professor **Eckert**-Köln,
„ **Prion**-Köln,
„ **Erwin v. Beckerath**-Kiel.

V. Finanzwissenschaft.

Professor **v. Eheberg**-Erlangen,
„ **Terhalle**-Hamburg,
Landesfinanzamtspräsident **Dr. Schwarz**-Magdeburg.

Berlin und Breslau im Oktober 1922.

Das Präsidium der sozialwissenschaftlichen Arbeitsgemeinschaft

Sering. Herkner. Hesse.

Sozialwissenschaftliche Forschungen

Herausgegeben von der

Sozialwissenschaftlichen Arbeitsgemeinschaft

Abteilung I — Heft 2

Berlin und Leipzig

Walter de Gruyter & Co.

vormals G. J. Göschen'sche Verlagshandlung — J. Guttentag, Verlagsbuchhandlung
Georg Reimer — Karl J. Trübner — Veit & Comp.

1924

Die volkswirtschaftliche Erfüllbarkeit der Reparationsverpflichtungen, im Rahmen des paneuropäischen Wiederaufbauproblems

Von

Dr. Gunther-Erfrid Heinecke

Berlin und Leipzig

Walter de Gruyter & Co.

vormals G. J. Göschen'sche Verlagshandlung — J. Guttentag, Verlagsbuchhandlung
Georg Reimer — Karl J. Trübner — Veit & Comp.

1924

Angenommen auf Antrag von Professor Jastrow und Professor Sering durch den Abteilungsvorsteher Professor Diehl.

Druck von Walter de Gruyter & Co., Berlin W. 10.

Meinem Vater

Vorbemerkung.

Das Deutsche Reich hat seine Wehrmacht und damit seine Gleichberechtigung in der Reihe der Weltvölker verloren, innenpolitisch ist es durch Klassenkämpfe und Parteihader geschwächt. Der Feind ist von neuem in das deutsche Land eingefallen und droht, uns weite Gebiete dauernd zu entreißen und die politische Einheit des Reiches zu zerstören.

Da fällt es schwer, den gegnerischen Wiederaufbau- und Tributforderungen gegenüber die Fahne der wissenschaftlichen Objektivität aufrecht zu erhalten. Und doch kann nur auf diese Weise dem Ganzen ein Dienst geleistet werden. Es handelt sich dementsprechend in dieser Arbeit nicht um eine politische Abhandlung, sondern eine wirtschaftstheoretische Untersuchung. Fast von Stunde zu Stunde ändert das Reparationsproblem sein Gesicht, und die Behandlung in Zeitungsartikeln, Büchern und Reden ist lawinenartig angeschwollen. Demgegenüber hieß es: Maß halten und sich nicht in Einzelheiten verlieren. Der überwiegende Teil der Literatur behandelt nur Teilfragen, hier aber war eine Fragestellung zu finden, die oberhalb des Tageskampfes um solche Einzelfragen liegt.

Berlin, den 1. November 1923.

Der Verfasser.

Gliederung.

Literaturverzeichnis.

I. Schriften von besonderen Verfassern.

A. Allgemein — theoretische Schriften.

Buch, L. v.: Intensität der Arbeit, Wert und Preis der Waren, Leipzig 1896, Duncker und Humblot, Kap. 2—4, S. 14—56.
Grunzel: Der internationale Wirtschaftsverkehr und seine Bilanz, Leipzig 1895. Duncker und Humblot (224 S.)
Harms: Arbeit, Art. im Handw. d. Staatsw., 3. Auflage 1909. S. 572—591 (1. Band).
Herkner, H.: Arbeit und Arbeitsteilung, Art. im G. d. S. II. Abt. Tübingen 1914, J. C. B. Mohr, S. 165—198, bes. I. S. 166—167.
Jastrow, J.: Gut und Blut fürs Vaterland, Berlin 1917, G. Reimer (314 S.)
Niklisch, H.: Handelsbilanz und Wirtschaftsbilanz, Magdeburg 1903, Ochs und Co. (131 S.)
Oldenberg, K.: Die Konsumtion, Art. im G. d. S., II. Abt. Tübingen 1914, J. C. B. Mohr, S. 103—164, insbes. § 2 (S. 105—109) und S. 115.
Schaefer, C. A.: Klassische Valutastabilisierungen und ihre Lehren für Deutschland, Hamburg 1922, C. Boysen (120 S.) bes. Anhang S. 95—120.

B. Besondere Untersuchungen im Zusammenhang mit dem Reparationsproblem:

a) vornehmlich über die deutsche Wirtschaftslage.

Arndt, P.: Deutschlands wirtschaftliche Not und der Friede von Versailles, Berlin 1920, L. Simion (32 S.).
Behnsen-Genzmer: Die Folgen der Markentwertung für uns und die anderen, Leipzig 1921, F. Meiner (127 S.).
Brinkmann, Theodor: Die Förderung der landwirtschaftlichen Erzeugung, Art. im Handbuch der Politik, 4. Band, Berlin-Grunewald 1922, Dr. Walther Rothschild, S. 199—215.
Cuno: Der Friedensvertrag und die deutsche Schiffahrt, in: „Deutschlands Wiederaufbau", Berlin 1920, Mittler u. Sohn, 5. Heft (22 S.).
Gutmann, Franz: Grundsätzliches zum Reparationsplan, Jena 1921, ohne Verlagsangabe (20 S.).
Heinig, K.: Das notleidende Kapital, Berlin 1922, J. H. W. Dietz, (32 S.).
Hertz, O. und Seidel, R.: Arbeitszeit, Arbeitslohn und Arbeitsleistung, Berlin 1923, Verlagsges. des A. D. G B. (167 S.).
Helfferich, K.: Die Politik der Erfüllung, München-Berlin März 1922, J. Schweitzer (A. Sellier), (103 S.).
Horneffer, Ernst: Die große Wunde, München-Berlin 1922, R. Oldenbourg (157 S.).

Jakobsohn, P.: Unter der Reparationslast, Frankfurt a. M. 1922, Flugschrift der Frankfurter Zeitung (36 S.).
Jastrow, J: Deutschlands Volksvermögen im Kriege, 2. Aufl. Berlin 1919, Springer (45 S.).
Kuczynski, R.: Jahrbuch der Finanzpolitischen Korrespondenz, 1921, 1. Heft, Berlin 1921, Engelmann (72 S.).
Parvus: Der wirtschaftliche Rettungsweg, Berlin 1921, Verlag für Sozialwissenschaft (39 S.).
Pawlowski, E.: Der Bankrott Deutschlands, Hamburg 1921, Carl Hoym Nachf. Louis Cahnbley (189 S.).
Potthoff, H.: Die Bedeutung des Haushaltes in der Volkswirtschaft, Berlin 1921, Zentralverlag (29 S.).
Raab, Friedrich: Deutschlands Wirtschaftsbilanz vor und nach dem Kriege, Berlin 1923, Zentralverlag (28 S.).
Reichert, J.: Rathenaus Reparationspolitik, Berlin 1922, A. Scherl (302 S.).
Ruppel, J. und Cuntze, A.: Die Reparationssachleistungen, Berlin 1922, Verlag für Politik und Wirtschaft (116 S.).
Schmitt, Franz August: Die Volkswirtschaft im neuen Deutschland, München 1921, ohne Verlagsangabe (64 S.).
Schreiber, Otto: Der Friedensvertrag und Du, Berlin 1921, Zentralverlag (30 S.).
Schwarz, O.: Deutsche Finanzlage und Weltwirtschaft, in: „Deutschlands Wiederaufbau", Berlin 1920, Mittler u. Sohn, 2. Heft (27 S.).
Seedorf: Urbarmachung und Besiedelung der Ödländereien, Art. im „Handbuch der Politik", 4. Band, S. 193—199, Berlin-Grunewald 1922, Dr. Walther Rothschild.
Seibt Gustav: Deutschlands kranke Wirtschaft und ihre Wiederherstellung, Bonn 1923, A. Marcus u. E. Weber (76 S.).
Sering, Max: Das Friedensdiktat von Versailles und Deutschlands wirtschaftliche Lage, in „Deutschlands Wiederaufbau", Berlin 1920, Mittler u. Sohn, 3.—4. Heft (48 S.).
Simons: Der Friedensvertrag und seine finanziellen Folgen, in der gleichen Sammlung, 1. Heft (24 S.).
Stein, Philipp: Finanz- und Wirtschaftsbilanz des deutschen Volkes, Berlin 1922, Deutsche Verlagsges. für Politik u. Geschichte (24 S.).
Waentig, H.: Zusammenbruch und Wiederaufbau, Bonn-Leipzig 1920, K. Schroeder (293 S.).
Weber, A.: Deutschlands finanzielle Leistungsfähigkeit jetzt und künftig, im Archiv für Soz. Wiss. und Soz. Pol. 1922, Bd. 49, Heft 2, S. 265—297.
Kraus, E.: Von Versailles bis London, Karlsruhe 1921, ohne Verlagsangabe (114 S.).
Donanyi, Hans v.: Die Politik der Sanktionen, Art. im Handbuch der Politik, 5. Band, S. 194—222, Berlin-Grunewald 1922: Dr. Walther Rothschild.
Wiedfeldt-Solmssen (-Frowein): Die Wirkungen des Londoner Ultimatums, Veröffentlichungen des Reichsverbandes der deutschen Industrie, August 1921, Heft 16.
Wiedfeldt: Wirtschaftliche Wirkungen (S. 5—20).
Solmssen: Finanzielle Wirkungen (S. 20—36).

b) mit besonderer Berücksichtigung des paneuropäischen Wiederaufbauproblems oder der weltwirtschaftlichen Verhältnisse:

Angell, Norman: Der Friedensvertrag und das wirtschaftliche Chaos in Europa (dtsch. von A. du Bois-Reymond), Berlin 1920, Dtsch. Verlagsgesellschaft für Politik u. Geschichte (116 S.).
Esslen, J. B.: Die Valutazölle der Gegenwart, Jena 1922, G. Fischer (51 S.), (Kieler Vorträge, her. von Harms, Heft 3).

Eulenburg, F.: Weltwirtschaftliche Solidarität der Völker, Berlin 1922, L. Simion (64 S.) (Volkswirtschaftliche Zeitfragen Nr. 318/9).
Hilferding: Die Weltpolitik, das Reparationsproblem und die Konferenz von Genua, in Schmollers Jahrbüchern 3—4, 1922, S. 1—28.
Keynes, J. M.: Die wirtschaftlichen Folgen des Friedensvertrages (dtsch. von Bonn-Brinkmann), München 1920, Duncker u. Humblot (243 S.).
Keynes, J. M.: Der Friedensvertrag von Versailles, Berlin 1921, Verlag für Politik und Wirtschaft (52 S.).
Keynes, J. M.: Gedanken über die wirtschaftliche Zukunft, Sonderdruck der deutschen Allgemeinen Zeitung, Berlin 1921.
Keynes, J. M.: Revision des Friedensvertrages (übersetzt von Ransohoff) München-Leipzig 1922, Duncker u. Humblot (244 S.).
Nitti, Francesko: Das friedlose Europa, Frankfurt a. M., 1921 (ohne Verlagsangabe), 285 S.
Schippel, M.: Amerikas Wirtschafts- und Finanzlage und die Wiederaufrichtung Europas, Stuttgart 1921, F. Enke (19 S.) (Finanz- und volkswirtschaftliche Zeitfragen 79. Heft).
Schmitt, Ernst: Die Wiederaufrichtung Europas, Jena 1920, Diederichs, (68 S.).
Schultze, Ernst: Die Zerrüttung der Weltwirtschaft, 1. Aufl. Leipzig 1922, W. Kohlhammer (373 S.), 2. Auflage daselbst 1923 (782 S.).
Sering, Max: Die Krisis der Weltwirtschaft und die auswärtige Wirtschaftspolitik, Jena 1922, G. Fischer (24 S.) (Kieler Vorträge, her. von Harms, Heft 6).
Wolf, J.: Markkurs, Reparationen und russisches Geschäft, Stuttgart 1922, F. Enke (32 S.) (Finanz- und volkswirtschaftliche Zeitfragen 81. Heft).
Vanderlip, Frank A.: Was Europa geschehen ist (dtsch. v. R. v. Scholz), München 1921; Dreimaskenverlag (216 S.)

II. Sonstiges Material: Denkschriften, Zusammenstellungen, Gutachten, Berichte.

Aktenstücke über den französisch-belgischen Einmarsch ins Ruhrgebiet, Denkschriften des Ausw. Amtes Nr. 2, 3, 4 und 9 1923 (1.—4. Folge), Berlin 1923.
Aktenstücke zur Reparationsfrage (Mai 1921—Juni 1922), Reichstagsdrucksache Nr. 4140 (1920/22) und Nr. 4484 (Nachtrag v. 14. 6. 22), sowie als Fortsetzung: die gleichbetitelten Denkschriften des Ausw. Amtes vom Dez. 1922 (ohne Nr.) und Juni 1923 (Nr. 10, 1923).
Angebote und Vorschläge zur Lösung der Reparations- und Wiederaufbaufrage, die den Alliierten seit Waffenstillstand übermittelten deutschen — Denkschrift des Ausw. Amtes Nr. 5, 1923 Berlin 1923 (138 S.).
Bericht der niederrheinischen Handelskammer für 1921, S. 34.
Berichte des Schweizerischen Bankvereins (Basel): Nr. 5, 1921 von Anfang Juni 1921 und Nr. 10, 1921 vom Dezember 1921.
Friedensvertrag, der — mit Ausführungsgesetzen, Berlin 1920, Reimar Hobbing (240 + 32 S.)
Gutachten der internationalen Finanzsachverständigen über die Stabilisierung: Reichstagsdrucksache Nr. 5198 (1920/22) (52 S.).
Gewaltherrschaft, die fanzösisch-belgische — im Ruhrgebiet, eine zusammenfassende Darstellung auf Grund authentischen Materials. Berlin 1923, Zentralverlag G. m. b. H. (32 S.).
Kommentar zum Friedensvertrag (her. v. Schücking), Ergänzungsband: Urkunden, 1. Teil Berlin 1920, 2. Teil Berlin 1921.
Material über die Konferenz von Genua: Reichstagsdrucksache Nr. 4378 (1920/22.) (177 S.).
Pariser Konferenz, die — Denkschrift des Ausw. Amtes Nr. 1, 1923, vom Januar 1923.

Reparationsfrage, die Entwicklung der —, Chronik des wirtschaftlichen Niedergangs in Deutschland, Berlin 1923, Zentralverlag G. m. b. H. (43 S.).
Reparationsschuld, die deutsche: Broschüre des Zentralverlags, Berlin Juni 1921 (34 S.).
Sammlung von Aktenstücken über die Verhandlungen auf der Konferenz zu London vom 1. bis 7. März 1921: Reichstagsdrucksache Nr. 1640, (1920/21) (189 S.). (enthält auf S. 29—39 die Denkschrift: Die wirtschaftlichen Wirkungen der Pariser Beschlüsse).
Verhandlungen der Sozialisierungskommission über die Reparationsfragen, Berlin, Engelmann.
Bd. I: 1921 (388 S.), Bd. II: 1922 (386 S.), Bd. III: 1922 (454 S.) (Stabilisierung der Währung).
Not in Berlin, die — Tatsachen und Zahlen, zusammengestellt von Oberbürgermeister Böß, Zentralverlag G. m. b. H., Berlin 1923, 32 S.
Wirtschaftslage, Deutschlands — unter den Nachwirkungen des Weltkrieges, unter Verwendung von amtlichem Material zusammengestellt im Statistischen Reichsamt, Berlin, März 1923, Zentralverlag (59 S.).
Zerstörung, die — der Weltwirtschaft, Einzeldarstellungen, Berlin, März 1922, Zentralverlag (80 S.).

III. Zeitschriften- und Zeitungsaufsätze.

„Wirtschaft und Statistik“, verschiedene Hefte 1921 ff. (her. vom Statistischen Reichs-Amt, Verlag R. Hobbing).
„Deutsch-französische Wirtschaftskorrespondenz“ (R. Kuczynski), Heft 8 vom 15. 3. 23 (Berlin-Paris).
„Der Wiederaufbau“ her. von Parvus, Berlin 1922, Heft 9.
Etwa 60 Aufsätze und Mitteilungen der „Deutschen Allgemeinen Zeitung“, sowie:
Einige Aufsätze aus dem Berliner Börsenkurier, der Vossischen Zeitung, der Täglichen Rundschau und dem Berliner Tageblatt.

Abkürzungen.

D A Z: Deutsche Allgemeine Zeitung. Soweit Doppelnummern angegeben sind (z. B. Nr. 539/540 vom 10. Dez. 1922) handelt es sich um die sog. „Reichsausgabe“ der D A Z.
Denkschrift Wirtschaftslage: Die Wirtschaftslage Deutschlands usw. (s. oben unter II).
G. d. S.: Grundriß der Sozialökonomik, J. C. B. Mohr, Tübingen 1914 ff.
Keynes I: J. M. Keynes: Die wirtschaftlichen Folgen des Friedensvertrages (s. oben unter I B b).
Keynes II: J. M. Keynes: Der Friedensvertrag von Versailles (s. ebenda).
Keynes III: J. M. Keynes: Revision des Friedensvertrages (s. ebenda).
Verh. S. K.: Verhandlungen der Sozialisierungskommission über die Reparationsfragen, b. Engelmann, I: Band I 1921, II: Band II 1922, III: Band III 1922, sämtlich Berlin.
S. B. V.: Bericht des Schweizerischen Bankvereins (Basel), 5, 1921: Bericht Nr. 5 vom Juni 1921. 10, 1921: Bericht Nr. 10 vom Dezember 1921.
Md. GM: Milliarden Goldmark.

§ 1. Einleitung: Weiterer und engerer Gegenstand der Arbeit. — Begriffliches. — Aufgabe und Plan für den ersten Teil.

Das Reparationsproblem [1] [2], von dessen Lösung das Schicksal eines 60-Millionenvolkes, wenn nicht gar das Schicksal eines Kontinents abhängt, ist in seiner Universalität systematisch bisher noch nicht behandelt worden. Wohl der größere Teil der ungezählten Politiker und Literaten, die das Wort „Reparationsproblem" im Munde führen, ist sich über den Begriff, geschweige seine Gliederung, nicht klar. Man wirft etwa die Theorie der Reparationsleistungen und die Reparationspolitik durcheinander oder verkennt die Universalität des Problems, indem man in ihm etwa nur ein politisches oder ein rein wirtschaftliches oder — noch schlimmer — ein vorwiegend finanzielles Problem sieht.

Eine wissenschaftliche Gliederung des Reparationsproblems hat zu unterscheiden [3]:

I. Die Theorie der Reparation: Sie gehört der theoretischen Nationalökonomie und der Finanzwissenschaft an und hat die unentgeltliche Übertragung von Gütern an ein fremdes Volk zum Gegenstand. Dementsprechend lauten die beiden Hauptfragen:

1. (das Erfüllungsproblem:) Woraus und wie können allgemein Staat und Volkswirtschaft Tributleistungen an andere Staaten und Volkswirtschaften aufbringen (allgemeines staatsfinanzwirtschaftliches bezw. volkswirtschaftliches Leistungsproblem, Fondsfrage und Formfrage), und wie

---

[1]) Der Ausdruck „Reparation" ist sprachlich zu eng und moralisch ungerechtfertigt und müßte durch „Kontribution" ersetzt werden. Ich will hier aber dem allgemeinen Sprachgebrauch folgen.

[2]) Von den Reparationsverpflichtungen der Kriegsverbündeten Deutschlands, z. B. Bulgariens, wird in dieser Arbeit abgesehen.

[3]) Systematische Literatur hierüber ist nicht vorhanden, einige Ansätze finden sich bei Prof. Gutmann-Jena: Grundsätzliches zum Reparationsplan, 1921 (Unterscheidung der staatsfinanzwirtschaftlichen von der volkswirtschaftlichen Seite der Erfüllung).

verhält sich insbesondere die Leistungsfähigkeit Deutschlands zu seinen konkreten Reparationsverpflichtungen (besondere Frage, der Erfüllbarkeit)? und:

2. welche Wirkungen ergeben sich für den empfangenden Staat oder die empfangende Volkswirtschaft (staatsfinanzwirtschaftliches bezw. volkswirtschaftliches Empfangsproblem)?

II. Die Reparationspolitik: d. i. der Inbegriff aller auf die Lösung des Reparationsproblems gerichteten Maßnahmen der dazu berufenen politischen Vertretungen. Sie ist entweder:

1. Erfüllungspolitik: d. h. auf die Erfüllung der vorgeschriebenen Leistungs- oder Empfangsverpflichtung gerichtet, oder

2. Summenpolitik oder Revisionspolitik: d. h. auf Feststellung der Summen bezw. Änderung der festgestellten Summe gerichtet.

III. Ergänzend treten hinzu: Reparationsstatistik und Geschichte der Reparation (einschl. der vergleichenden Geschichte).

Diese kurze Untersuchung über den Begriff des Reparationsproblems und seine Gliederung war conditio sine qua non für das Verständnis des engeren Themas der Arbeit, welches lautet:

Die volkswirtschaftliche Erfüllbarkeit der Reparationsverpflichtungen, im Rahmen des paneuropäischen Wiederaufbauproblems.

Die Arbeit stellt einen Beitrag zur Theorie der Reparation dar. Sie sucht sie auf Grund einer Erörterung der Fondsfrage die Grenzen der Erfüllbarkeit oder die Ursachen der Nichterfüllbarkeit der konkreten Reparationsverpflichtungen Deutschlands darzustellen. Die Rechtfertigung einer solchen Untersuchung liegt darin, daß sie ihren Wert auch dann behält, wenn ihre Ergebnisse diesseits oder jenseits der Grenzpfähle mit Füßen getreten werden. Wenn die Reparationspolitik aus diesem Grunde scheitert und etwa dadurch ein Volk zum Untergang verurteilt wird — die Entwertung der Mark ist ein Menetekel —, dann weist die Theorie das Warum auf, und ihre Beweisführung kann nachfolgenden Geschlechtern zur Warnung dienen. Oder aber die Ergebnisse der Theorie gewinnen Einfluß auf die machtpolitische Willenseinstellung — dann mag sich Volk oder Kontinent für ihre Rettung bei der Wissenschaft bedanken.

Die ergänzende Themaformulierung: „im Rahmen des paneuropäischen Wiederaufbauproblems" ist deswegen gewählt, weil die Theorie, soweit sie auf den besonderen Bedingungen der Gegenwart fußt, nur fruchtbar sein kann, wenn sie der Universalität des konkreten Problems gerecht wird. Und diese kann richtig nur erkannt werden, wenn — wenigstens versuchsweise [1]) — das Reparationsproblem eingegliedert wird in das paneuropäische Wiederaufbauproblem. Damit ist für den ersten Teil der Arbeit der nach Ansicht des Verfassers notwendige Weg der Untersuchung wie folgt gegeben:

Um die welthistorischen Fundamente für die spätere theoretische Erörterung zu finden, soll das Reparationsproblem aufgefaßt werden als Schnittpunkt zweier Tatsachenreihen:

1. der Entwicklung der Reparationsverpflichtungen selbst auf Grund der Verhandlungen oder Diktate (1. Abschnitt),

2. der Zerrüttung Europas (2. Abschnitt).

Nachdem dann die Eingliederung des Reparationsproblems in das paneuropäische Wiederaufbauproblem Gelegenheit gegeben hat, die Universalität der Reparationsprobleme kurz abzuleiten, soll die Untersuchung auf die wirtschaftliche Seite des Erfüllungsproblems und das Verhältnis zwischen der staatsfinanzwirtschaftlichen und der volkswirtschaftlichen Seite der Aufbringung abgestellt werden (3. Abschnitt).

Gegenstand des zweiten Teils ist die volkswirtschaftliche Seite des Erfüllungsproblems.

---

[1]) Auch hierfür fehlt es noch an systematischer Literatur. Immerhin gehen eine größere Anzahl Autoren auf den Zusammenhang zwischen Wiederaufbau- und Reparationsproblem ein, so z. B. E. Schultze, Keynes, Nitti, Ernst Schmitt, J. Wolf, Eulenburg, Vanderlip u. a., deren Schriften an den betreffenden Stellen zitiert werden.

Erster Teil.

Geschichte der Reparationsverpflichtungen Deutschlands: Eingliederung des Reparationsproblems in das paneuropäische Wiederaufbauproblem und allgemeine Charakterisierung beider Probleme; die staatsfinanzwirtschaftliche und die volkswirtschaftliche Seite der Erfüllung.

1. Abschnitt: Die historische Entwicklung der Reparationsverpflichtungen.

§ 2. a) Bis einschließlich Versailles[1]).

Die deutsche Reparationsverpflichtung ist aus zwei Wurzeln entstanden, nämlich einerseits aus der Ehrenpflicht Deutschlands, die Belgien und Nordfrankreich zugefügten Schäden wiedergutzumachen und andererseits aus der machtpolitischen Willenseinstellung der Sieger, Deutschland für die gesamten Kriegsschäden schadensersatzpflichtig zu machen. Der Inhalt der Ehrenpflicht, die von Deutschland freiwillig anerkannt worden ist und als inter partes feststehend angesehen werden konnte, ist jedoch nicht zur Grundlage der tatsächlichen Reparationsverpflichtungen gemacht worden, vielmehr hat sich der machtpolitische Einfluß als der für die positive völkerrechtliche Bindung entscheidende erwiesen.

Wilsons 14 Punkte vom 8. Januar 1918 enthielten nur die Forderung, daß Belgien (Punkt VII) und die besetzten Teile Frankreichs (Punkt VIII) wiederhergestellt werden sollten. Weder in ihnen noch in den folgenden Punkten vom 11. Februar 1918 (Kongreßrede), 4. Juli 1918 (Mount-Vernon-Rede) und 27. September 1918 (Rede in New York) war auch nur mit einem Worte von einer Kriegsentschädigung oder einem Schadensersatz als Strafe die Rede, so daß man diese Kategorien als ausgeschlossen ansehen mußte.

Auf dieser klaren Grundlage, die die Unversehrtheit der Finanzen jeder Kriegspartei in bezug auf Kriegsentschädigungen gewährleistete, erfolgte im Oktober und November 1918 ein Notenwechsel zwischen Deutschland und den Vereinigten Staaten, deren letzte Note Lansings vom 5. November 1918 den Abschluß eines förmlichen Präliminarfriedens bedeutete. Das in ihr ent-

[1]) Amtl. Urkundenmaterial im Ergänzungsband des Kommentars zum Friedensvertrag, herausg. von Schücking, I. Teil Berlin 1920 (bis 28. 6. 19), II. Teil Berlin 1921 (bis 31. Mai 1920).

haltene Memorandum der verbündeten Regierungen, dem Amerika ebenfalls zustimmte, bestätigte erneut die Wirksamkeit der 14 Punkte und gab den Wiederherstellungsforderungen in bezug auf Belgien und Nordfrankreich die prägnante Auslegung, daß Deutschland „Ersatz für allen Schaden leisten solle, der der Zivilbevölkerung der Alliierten und ihrem Eigentum zu Lande, zu Wasser und aus der Luft zugefügt worden ist".

Obwohl damit die Grundsätze des Präsidenten Wilson in bezug auf Kriegsentschädigungen für beide Parteien bindend geworden waren und Deutschland im Vertrauen auf dies feierliche Abkommen die Waffen niederlegte, verließ man schon bei den Pariser Waffenstillstandsbesprechungen die feierlich vereinbarte Grundlage. Ohne viel Aufhebens davon zu machen, wurde die Frage der Entschädigungen so ganz nebenbei erledigt und das Prinzip der Schadensersatzpflicht sozusagen ganz zufällig festgesetzt [1]). „Ce que je vous demande c'est l'addition de trois mots: Réparation des dommages", sagte Clémenceau am 2. November 1918, und erreichte, daß der erste Absatz des Art. XIX der Waffenstillstandsbedingungen (Finanzielle Bestimmungen) vom 11. November 1918 die sehr dehnbare Fassung erhielt:

„Jeder nachträgliche Anspruch und jede nachträgliche Forderung seitens der Alliierten und der Vereinigten Staaten wird vorbehalten", und der zweite Absatz lakonisch forderte: „Réparation des dommages" — „Schadensersatz".

Die Versailler Konferenz fand diesen Begriff vor, über dessen gerechte Auslegung im Hinblick auf den Präliminarfrieden allerdings kein Zweifel sein konnte. Aber die unbestimmte Fassung bot eine geeignete Grundlage für einen Bruch der zustandegekommenen Vereinbarung. Statt mit der bloßen Forderung auf Wiederherstellung Belgiens und Nordfrankreichs mußte sich Deutschland mit folgenden Bestimmungen einverstanden erklären [2]):

Deutschland erkennt seine Verantwortlichkeit als „Urheber aller Verluste und aller Schäden" an, „welche die alliierten und assoziierten Regierungen und ihre Angehörigen infolge des ihnen durch den Angriff Deutschlands und seiner Verbündeten aufgezwungenen Krieges erlitten haben" (Art. 231). Zwar wird anerkannt, daß die Hilfsmittel Deutschlands nicht ausreichen, um die vollständige Wiedergutmachung aller dieser Verluste und aller dieser Schäden sicherzustellen (Art. 232 Abs. 1), aber „Deutschland übernimmt die Verpflichtung, daß alle Schäden wiedergutgemacht werden, die der Zivilbevölkerung jeder der alliierten und

[1]) Nitti: Das friedlose Europa, 1921, S. 82 u. 199.

[2]) Textausgabe des Versailler Vertrages mit Ausführungsgesetz bei R. Hobbing, Berlin 1920. — Im Reichsgesetzblatt: Jahrgang 1919, Nr. 140. Unterzeichnet wurde der Vertrag am 28. Juni 1919.

assoziierten Regierungen und ihrem Eigentum während der Zeit, da diese Macht sich im Kriegszustand mit Deutschland befand, durch den erwähnten Angriff zu Lande, zur See und aus der Luft zugefügt sind und überhaupt alle Schäden, wie sie in der Anlage I näher bestimmt sind" (Art. 232 Abs. 2).

Diese Anlage I zu den allgemeinen Bestimmungen über Wiedergutmachungen (Teil VIII des Vertrages) umfaßt zehn Schadenskategorien:

1. Schäden von Zivilpersonen (oder den von ihnen versorgten Hinterbliebenen) aus irgendwelchen Kriegshandlungen.
2. Schäden durch Grausamkeit. Gewalttätigkeit oder schlechte Behandlung.
3. Schäden aus sonstigen gesundheitsstörenden, die Arbeitsfähigkeit schwächenden oder die Ehre verletzenden Handlungen.
4. Schäden aus schlechter Behandlung von Kriegsgefangenen.
5. Alle Pensionen und gleichartige Entschädigungsleistungen an militärische Opfer des Krieges bezw. deren versorgungsberechtigte Hinterbliebenen.
6. Kosten der Kriegsgefangenenunterstützung.
7. Kosten der Familienunterstützungen mobiler Heeresangehöriger.
8. Schäden aus zwangsweiser, unangemessen vergüteter Arbeitsleistung.
9. Alle Schäden an Staats- oder Privateigentum, gleichviel wo belegen (nur Heer- und Marineanlagen oder -materialien ausgenommen).
10. Schäden aus allen zum Nachteil der Zivilbevölkerung erfolgten Beitreibungen.

Es bedarf keiner besonderen Erörterung, um festzustellen, daß diese Schadenskategorien nichts mehr — weder räumlich noch sachlich — mit der Forderung in den Wilsonschen Punkten und ihrer Festlegung in dem Präliminarfrieden vom 5. November 1918 zu tun haben, wie man auch ganz allgemein von einer Ignorierung der 14 Punkte sprechen kann (um sich nicht schärfer auszudrücken [1])). Die Wiedergutmachungsverpflichtung in bezug auf Belgien und Nordfrankreich wurde glattweg ersetzt durch eine Kontributionsverpflichtung größten Stils, deren speziell aufgezählte Posten nur eine mühsame sophistische Verschleierung des Kontributionscharakters bedeuten. Keynes hat die Posten Ziffer 5—7 allein auf 100 Milliarden Goldmark berechnet gegenüber den nach

[1]) Nitti spricht von „schändlichster, schimpflichster Behandlung" der 14 Punkte (Das friedlose Europa, 1921, S. 151 und S. 60), Keynes von einem unverzeihlichen „offenen Bruch" (I. S. 118).

seinem Urteil berechtigten Wiedergutmachungsforderungen von 32—60 Milliarden Goldmark [1]). Die moralische Grundlage der ganzen Entschädigungsforderung würde damit erschüttert.

Die Festsetzung der Höhe des Betrages und die Aufsicht über die Durchführung der verlangten Leistung wurde der „Reparationskommission" übertragen (Art. 233 und Anlage II zum VIII. Teil des Vertrages), deren positiv geregelte Kontrollbefugnisse eine starke Beeinträchtigung der Selbständigkeit Deutschlands bedeuten. Außerordentlich verschärft wird der einseitig alliiert orientierte Charakter der Reparationskommission durch den Nichteintritt der Vereinigten Staaten.

Der Vertrag von Versailles wurde Reichsgesetz durch das Gesetz über den Friedensschluß vom 16. Juli 1919 und trat als völkerrechtliche Vereinbarung durch Ratifizierung am 10. Januar 1920 in Kraft [2]) [3]).

§ 3. b) Von der ersten Londoner Konferenz bis zum Vermittlungsangebot an Amerika.

Das Ergebnis der in § 2 dargelegten ersten Periode war die grundsätzliche Verpflichtung Deutschlands zu einer Kontributionsleistung, die zwar der moralischen Wiedergutmachungsverpflichtung zweifellos widersprach, dafür aber umso besser mit den imperialistischen Zielen der Entente in Einklang stand. In der nun folgenden zweiten Periode drehte es sich nur mehr um die endgültige Höhe der Schadensersatzverpflichtung (im Sinne einer Pauschalabfindung) und die Verteilung auf Jahresleistungen. Auf verschiedenen Konferenzen kam der Kampf zwischen deutschen Angeboten und gegnerischen Forderungen zum Austrag.

Den Entente-Standpunkt bereiteten die Konferenzen von London (12. Februar bis 5. März 1920), San Remo (19. bis 26. April 1920) und Hythe (15./16. Mai 1920) vor [4]). In Hythe wurde ein Ausschuß von Fachleuten ernannt, um ein Programm zur Prüfung vorzubereiten, nach welchem Deutschland eine gewisse

---

[1]) Keynes I. S. 130 und 109, vgl. auch Keynes III S. 148/166: Erörterung und Ablehnung der Standpunkte, die die Pensionsforderung mit den von den Verbündeten übernommenen Pflichten als im Einklang stehend ansahen.

[2]) Nach Prof. Schreiber „Der Friedensvertrag und Du" Berlin 1921, S. 7) „unstreitig", bestritten jedoch z. B. von Nitti („Das friedlose Europa" S. 8) der die Nichtanerkennung durch Amerika als Ungültigkeitsgrund ansieht.

[3]) Die bis Juni 1921 ergangenen wichtigsten deutschen Ausführungs- und Durchführungsgesetze sind bei Prof. Schreiber „Der Friedensvertrag und Du" S. 7, 8 aufgezählt.

[4]) Lit.: Keynes III S. 15 ff., und die Zentralverlag-Broschüre: „Die deutsche Reparationsschuld", Berlin Juni 1921, S. 5 ff., vgl. auch S. B. V. 5, 1921, S. 98 ff.

Mindestsumme jedes Jahr zahlen sollte, ergänzt durch weitere Summen gemäß seiner jeweiligen Zahlungsfähigkeit. Die informatorische Weekend-Besprechung in Hythe (19. Juni 1920) ergab die endgültige Einigung über das Prinzip der Mindestraten. In Boulogne (21.—22. Juni 1920) forderte man von Deutschland 42 Jahreszahlungen von 3—7 Milliarden GM. jährlich. Einer kurzen Vorkonferenz von Brüssel (2.—3. Juli 1920) ohne konkretes Programm für die Reparationen folgte vom 5.—16. Juli die Konferenz in Spa, bei der zum ersten Male deutsche Verhandlungsvertreter zugelassen wurden. Behandelt wurden jedoch nur Teilfragen — Kohlenlieferung, Verteilung der deutschen Zahlungen unter die Alliierten [1]) —, die deutschen Gegenvorschläge für Reparationsleistungen wurden nicht diskutiert.

Bedeutsamer war die Brüsseler Konferenz vom 16.—22. Dezember 1920, wo interalliierte und deutsche Experten miteinander verhandelten. Die wesentlichsten Punkte der „Sachverständigen-Empfehlung" waren:

1. das Seydoux-Provisorium (5 Jahre durchschnittlich je 3 Milliarden GM.).
2. Leistung eines beträchtlichen Teils davon in Sachlieferungen.

Aber die Beschlüsse von Boulogne und Brüssel wurden in den Schmelztiegel geworfen, und die der folgenden Pariser Konferenz (24.—30. Januar 1921) setzten die deutsche Gesamtschuld auf die Summe von 226 Milliarden GM. fest, die in 42 Jahresraten abgetragen werden sollten: 2 Jahre je 2, 3 Jahre je 3, 3 Jahre je 4, 3 Jahre je 5 und 31 Jahre je 6 Milliarden GM., außerdem eine Jahresleistung, die 12 % des Wertes der jährlichen deutschen Ausfuhr entsprechen sollte [2]). Deutschland wurde aufgefordert, sich auf einer zweiten Londoner Konferenz dazu zu äußern. Diese fand vom 1. bis 7. März 1921 statt [3]). Deutschland legte durch Simons ein Angebot vor in Höhe von 50 Md. GM. Gegenwartswert, auf welche 20 Md. schon gemachter Lieferungen aus dem Vertrage von Versailles (Maschinen, Schiffe, Tiere, Kohlen, Chemikalien u. a.) anzurechnen seien. Dieser Vorschlag wurde abgelehnt. Loucheur und Lord d'Abernon formulierten einen Vermittlungsvorschlag, nach dem 30 Jahre lang je 3 Md. GM. und 30 % des Wertes der deutschen Ausfuhr zu zahlen seien und den Simons mit folgendem neuen Gegenvorschlag beantwortete: Deutschland wolle, unter der Voraussetzung, daß Oberschlesien deutsch bliebe und eine große

[1]) Keynes III, Anhang I A S. 208—210, vgl. auch S. B. V. 5. 1921, S. 97

[2]) Wenn diese Beschlüsse auch, wie Keynes (III S. 25) schreibt, „nicht ernst gemeint sein konnten", so darf man sie, wie auch andere, nicht übergehen, da sie bezeichnend sind für die Mentalität des Siegers.

[3]) Amtl. Weißbuch vom 11. 3. 21 über die Konferenz, Reichstagsdrucks Nr. 1640.

Anleihe gewährt würde, provisorisch 2 Jahre je 2 Md. und 3 Jahre je 3 Md. leisten. Auch dieser Vorschlag wurde von Seiten der Gegner abgelehnt, und es kam zum Abbruch der Verhandlungen, dem die Verhängung politischer und wirtschaftlicher „Sanktionen" zur Seite ging [1]).

Im April 1921 wandte sich Deutschland an die Vereinigten Staaten von Amerika und trug ihnen das Schiedsrichteramt an, und als sie dies ablehnten, unterbreitete es ihnen ein neues Angebot: steigende Jahreszahlungen bis im ganzen 200 Md. GM. (Gegenwartswert: 50 Md. GM.). Doch Amerika weigerte sich, die Vorschläge [2]) weiterzuleiten.

§ 4. e) Die dritte Londoner Konferenz und ihr Ergebnis: Der Londoner Zahlungsplan.

I. Zustandekommen [3]).

Der Kampf um die Pauschalabfindung war ergebnislos verlaufen, und die Alliierten kehrten insofern auf den Boden des Versailler Vertrages zurück, als die Reparationskommission beauftragt wurde, ihre Aufgabe gemäß Art. 233 zu erfüllen. In einer einstimmigen Entscheidung wurde am 27. April 1921 der Gesamtbetrag der von Deutschland zu leistenden Reparationssumme auf 132 Md. GM. festgesetzt (gegenüber einer Schadensschätzung Doumers von 240 Md. noch im Januar 1921 [4])). Dieser Beschluß wurde auf der dritten Londoner Konferenz (29. April bis 5. Mai 1921) in einer gemeinsamen Erklärung der Alliierten (England, Frankreich, Italien, Japan, Belgien) festgelegt und Deutschland am 5. Mai 1921 als siebentägiges Ultimatum vorgelegt. Der deutsche Reichstag nahm es am 10. Mai 1921 mit 220 gegen 172 Stimmen an.

---

[1]) Sie umfaßten: 1. Besetzung von Duisburg — Ruhrort und Düsseldorf. 2. Errichtung einer besonderen Zollschranke im besetzten Gebiet. 3. 50 %ige Abgabe auf die in den Gläubigerstaaten eingeführten Waren, zahlbar durch den Käufer vom Kaufpreis.

Lit.: Keynes III S. 56—62, Hans v. Dohnanyi im Handbuch der Politik 5. Bd. S. 194—222, insbes. S. 202 ff. (Art.: „Die Politik der Sanktionen"), ferner eine Abhandlung des Verbandes Kölner Großfirmen, auszugsweise veröffentlicht im Berl. Börsen-Kurier v. 12. Juli 1921 Nr. 320.

Die besondere Zollschranke (Ziffer 2) wurde am 30. Sept. 1921 aufgehoben, die 50 %ige Abgabe wurde Gesetz nur in England unter Ermäßigung auf 26 % (German Reparation Recovery Act von 1921).

[2]) Amtlicher Text in der Denkschrift des Auswärtigen Amtes 1923 Nr. 5: „Die den Alliierten seit Waffenstillstand übermittelten deutschen Angebote und Vorschläge zur Lösung der Reparations- und Wiederaufbaufrage".

[3]) Lit.: Zentralverlagsbroschüre „Die deutsche Reparationsschuld" S. 8—9, S. B. V. 5, 1921, S. 85 und 103.

[4]) Keynes III S. 38.

II. Inhalt.

Das Londoner Ultimatum [1]) zerfällt in drei Teile: den Text des Ultimatums, den Zahlungsplan, der die Art und Weise und Zeit der Abtragung der gesamten Reparationsschuld vorschreibt, und ein Protokoll, das die Änderungen gegenüber dem Friedensvertrage formell feststellt.

Der Inhalt des Zahlungsplanes als des entscheidenden Kerns ist folgender: Deutschland ist gemäß Art. I zu einer Reparationsleistung von etwa [2]) 132 Md. GM. in Geld oder Waren („Sachleistungen") verpflichtet. Deutschland übergibt Schuldverschreibungen (und nicht, wie im Friedensvertrage vorgesehen, Schatzanweisungen [3])) in Höhe von 132 Md. GM. und erfüllt damit formell die Kapitalschuld. Diese Schuldverschreibungen sind Wertpapiere, welche einen Anspruch auf Summen verleihen, die Deutschland jährlich an die Reparationskommission zahlen muß.

Die für diese Zahlungen grundlegenden Bestimmungen enthält Art. IV des Zahlungsplanes: Deutschland leistet jedes Jahr bis zur völligen Tilgung der Schuldverschreibungen:

1. eine Summe von 2 Md. GM.;
2. eine Summe, die 25 % des Wertes seiner Ausfuhr in jedem Zeitraum von zwölf Monaten nach dem 1. Mai 1921 entspricht (oder wahlweise einen entsprechenden Betrag). Die Wertfestsetzung erfolgt durch die Reparationskommission;
3. eine weitere Summe von 1 % des Wertes zu 2. oder wieder wahlweise einen entsprechenden Betrag [4]).

Also: auf eine kurze Formel gebracht: Deutschland zahlt jährlich 2 Md. GM. und 26 % des Wertes seiner Ausfuhr (oder einen entsprechenden Betrag).

Als Sicherheit für die Schuldverschreibungen sollen gemäß Art. III (entsprechend Art. 248 und 251 des Versailler Vertrages) die gesamten Besitztümer und Einnahmen des Deutschen Reiches und der deutschen Staaten dienen, worüber ein besonderer Unterausschuß, das Garantiekomitee (Art. VI/VII) zu wachen hat.

---

[1]) Amtlicher Text siehe „Aktenstücke zur Reparationsfrage", Reichstagsdrucksache Nr. 4140, 1. Wahlperiode 1921—22, Ziffer I.

[2]) Endgültige Berechnung in Ansehung gewisser abzuziehender Summen und der Hinzufügung der belgischen Kriegsschuld (gemäß Art. 232 des Versailler Vertrages) vorbehalten, es dürften sich etwa 138 Md. GM. ergeben (vgl. Keynes III S. 70).

[3]) Den Unterschied betont Köbner: „Der Wert der dtsch. Schuldverschreibungen", 4 Art. der DAZ Nr. 440, 444, 456, 460, v. 20., 22., 29 Sept. und 1. Okt. 1921.

[4]) Die an sich sehr wichtigen Zahlungs- und Ausfuhrberechnungsfristen im gleichen Art. IV sind für diese Untersuchung nicht von Bedeutung, da es auf das Jahressoll ankommt.

Ihm sollen für die Zahlungen spezielle Garantiefonds zur Verfügung gestellt werden (Zölle, Ausfuhrabgaben u. ä.).

Dies sind in großen Zügen die Bestimmungen über die formale Gesamtleistung der Kapitalschuld, die realen Jahresleistungen und die Sicherheiten, wie sie der Londoner Zahlungsplan vorschreibt.

III. Historische Bedeutung.

Die historische Bedeutung des Zahlungsplans richtig zu beurteilen, erscheint schwierig. Auf der einen Seite wird man von einer sehr großen historischen Bedeutung sprechen müssen, da nach dem Willen der Entente damit ein völkerrechtlicher Akt zustandegekommen ist, der ein besiegtes Land für Jahrzehnte mit der Kette finanzieller und wirtschaftlicher Sklaverei nach einem festen Plan belastet. Auf der anderen Seite kann man gerade den gegenteiligen Schluß ziehen: Ein noch so fest umrissener Plan, der die chimärische Summe von 132 Md. GM. als Leistungsverpflichtung vorsieht, hat gar keine historische Bedeutung oder nur eine ganz bedingte und vorübergehende, da er den Stempel der Utopie auf der Stirn trägt. Eine Utopie wie diese verliert aber erst dann ihre verhängnisvolle Bedeutung, wenn wir sie als solche erkennen und sie vor allem auch von ihren Schöpfern als solche erkannt wird. Es schwindet also die historische Bedeutung des oktroierten Zahlungsplanes in dem Maße, wie die maßgebenden Regierungen sich über seinen utopischen Charakter klar werden. Ich schließe mich Keynes' Urteil an, der zwar dem Zahlungsplan ebenfalls keine größere Dauerhaftigkeit als seinen Vorgängern prophezeit hat [1], aber an anderer Stelle sagt [2]: „Es ist das fait accompli der Stunde und bleibt deshalb der Prüfung wert."

§ 5. d) Die Entwicklung seit London.

Nach der Anschauung eines Teils der Gegner und der offiziellen Stellungnahme ihrer amtlichen Vertretungen — ich denke besonders an Frankreich — ist mit der Annahme des Londoner Ultimatums der Schlußstein nicht nur unter die zweite Periode, sondern auch unter die gesamte Geschichte der Reparationsverpflichtung gesetzt worden. Obwohl von mancher Seite noch krampfhaft an dieser Anschauung festgehalten wird, bedarf es keines Beweises, daß sie unhaltbar ist. Die historische Entwicklung hat sie bereits ad absurdum geführt. So bedeutet z. B. das Canneser Provisorium und seine Bestätigung durch die Reparationskommission [3]) formal zwar nur eine Ausführungsverord-

---

[1]) Keynes III S. 92 und Keynes: „Gedanken über die wirtschaftliche Zukunft", Berlin 1921, Sonderdruck der D A Z, Spalte 1.

[2]) Keynes III S. 63.

[3]) Daten und Quelle s. Anhang.

nung zum Londoner Zahlungsplan, wird aber materiell als Ansatz einer Abänderung gewertet werden können. Für diese neue dritte Periode, die schon frühzeitig durch Äußerungen führender Politiker und Gelehrter eingeleitet wurde [1]), kann keine wissenschaftliche Prognose gestellt werden, da ihr Ergebnis von den verschiedenen moralischen, politischen und wirtschaftlichen Einflüssen beeinflußt sein wird.

Es sollen daher in einem Anhang zur Vervollständigung nur die Hauptdaten dieser dritten Periode tabellarisch bis zur Gegenwart [2]) zusammengestellt werden. Diese Teilergebnisse des dauernd im Flusse befindlichen Kampfes um die Herabsetzung der Reparationsverpflichtungen bieten natürlich keine geeignete Grundlage für theoretische Erörterungen. Darum kommen als konkretes Fundament für diese Arbeit nur die Zahlen des Londoner Zahlungsplans in Frage. Man muß wenigstens irgend eine Potenz von 10 vor sich haben, zumal wenn man den Umschlag von der Quantität zur Qualität in Betracht ziehen will. Und hierfür ist in der Tat der Londoner Zahlungsplan geeignet, trotz oder vielleicht gerade wegen des utopischen Charakters der Gesamtschuldsumme.

2. Abschnitt: Das paneuropäische Wiederaufbauproblem und das außerökonomische Forderungsnetz.

§ 6. a) Die Zerrüttung Europas nach dem Kriege [3]).

Die Reparationsverpflichtung bedeutet ein Schuldverhältnis zwischen europäischen Nationen, in dem Deutschland das Schuldnerland, Frankreich, England, Italien und Belgien [4]) die Gläubiger-

---

[1]) Von den zeitlich ersten Revisions- (nicht nur Moratoriums-) Forderungen seitens des gegnerischen Auslands seien hier genannt: Keynes Schriften, insbes. Keynes III, Nitti: Das friedlose Europa, 1921, das Eintreten der Westminster Gazette für völlige Streichung der Reparationen am 8. Nov. 1921 (Reichert: Rathenaus Reparationspolitik, Berlin 1922, S. 252), Asquith' Glasgower Rede vom 9. Nov. 1921 (DAZ vom 11. Nov. 1921, Nr. 521), Prof. Einaudis Aufsatz in der Corriere della Sera (DAZ v. 23. Nov. 1921 Nr. 540), die Denkschrift des Sonderausschusses der britischen Industrien vom 24. Nov. 1921 (DAZ v. 25. Nov. 1921, Nr. 543), und die Stellungnahme des amerikanischen Staatsanwalts M. Sumner in führenden englischen Zeitungen (DAZ Nr. 496 vom 27. Oktober 1921: Hannes Pyszka: „Wende der Weltwirtschaft?“).

[2]) Die Arbeit ist am 1. November 1923 abgeschlossen.

[3]) Außer der im einzelnen zitierten Literatur ist zu nennen: F. A. Vanderlip: Was Europa geschehen ist, 1921; E. Schultze: Die Zerrüttung der Weltwirtschaft, 1. Aufl., 1922: Kap. I, S. 13—37; „Die Zerstörung der Weltwirtschaft“: Broschüre des Zentralverlags Berlin 1922 (kurze Einzelbehandlung der europäischen Länder). Ferner vor allem fortlaufend die Halbmonatsschrift des Statistischen Reichsamts „Wirtschaft und Statistik“ 1921 ff.

[4]) Nach der Höhe der Anteile geordnet. Die Ansprüche der übrigen kleinen Gläubiger (Japan, Portugal u. a.) machen insgesamt nur 8 % aus, vgl. S. B. V 5, 1921 S. 97.

länder sind. Wenn in diesem Verhältnis die Interessen der Parteien entgegengesetzte sind, so umschlingt sie im Gegensatz dazu auch ein sehr starkes gemeinsames Band: sie sind Mitglieder des europäischen Wirtschaftskomplexes und weiterhin der Weltwirtschaft. Da die kontinentale Verflechtung kraft ihres auch kulturellen Charakters intensiver ist und auf größere Bedeutung Anspruch erheben kann als die weltwirtschaftliche Verflechtung, so muß jene hier das bevorzugte Objekt der Untersuchung sein.

Der europäische Wirtschaftskomplex, aus dem kein Land sich ungestraft herauslösen kann — man denke an die Katastrophe der Isolierung Rußlands mit seinen 18,2 Millionen Arbeitskräften [1]) — hat durch den Weltkrieg und die ihn liquidierenden Verträge, insbesondere die Überproduktion an Grenzpfählen, eine Erschütterung erfahren, die vielleicht eine ganze Generation nicht zu überwinden vermag.

Um den Umfang der Aufgaben der Wiederaufbaupolitik und damit die volle Bedeutung des Reparationsproblems zu erfassen, bedarf es einer kurzen Skizzierung der Kriegs- und Nachkriegseinflüsse auf den Zustand Europas.

Die wirtschaftliche Lage Europas vor dem Kriege basierte einmal auf seiner inneren Produktivität, die ihm die Kaufkraft zur Beschaffung der notwendigen Güter aus Übersee sicherstellte, und zum zweiten in der gesunden Eingliederung in das weltwirtschaftliche Verkehrs- und Austauschsystem. Eine verwickelte Organisation ermöglichte es ihm, an den Früchten der internationalen Arbeitsteilung teilzunehmen, und es war eigentlich nur eine Begründung für Ziele und Mittel hoher Staatspolitik, wenn man gewisse Elemente der Unbeständigkeit als gegeben ansah, etwa übermäßiges Wachstum der Bevölkerung, seelische Unstetigkeit der Gesellschaft und ähnliches. Der Weltkrieg stellte die Weltordnung auf den Kopf. Die politischen Konflikte und ihre Austragung auf dem Wege der militärischen und wirtschaftlichen Kriegsführung hatte eine völlige Desorganisation des europäischen Güteraustausches zur Folge, und die Ernährungskrisen riefen soziale Erschütterungen gefährlichsten Ausmaßes hervor. Die allgemeine seelische und körperliche Erschöpfung nach dem Kriege einerseits und die zum Ausbruch gelangenden Gegensätze zwischen Geist und Masse andererseits trugen dazu bei, die produktionshemmenden Wirkungen der Menschenverluste [2]) und der Rohstoffknappheit zu verschärfen. Das Bild, das die europäischen wirt-

[1]) A. Weber im A. S. S. Bd. 49, Heft 2, 1922, S. 265 ff. Nach seiner Schätzung beträgt der Ausfuhrausfall 2,5 Md.GM., der der Abnahmefähigkeit: 3 Md.GM.

[2]) Nach dänischer Ermittlung 9 Millionen zumeist der kräftigsten Altersklassen von 20 bis 40 Jahren, vgl. F. Eulenburg: Weltwirtschaftliche Solidarität der Völker, Berlin 1922, S. 29.

schaftsverhältnisse für 1919/20 bieten [1]), ist dementsprechend trostlos.

Die Erzeugung von pflanzlichen wie tierischen Nahrungsmitteln weist eine sinkende Kurve oder eine auf- und abzackende Horizontale auf, es fehlen die Zuschüsse aus Rußland, Rumänien, Ungarn. Die mitteleuropäische Produktion hat sich so stark verringert, daß nach einer Schätzung M. Hoovers 100 Millionen Menschen dort von der Einfuhr leben [2]). Andererseits verhindert der Mangel an Kaufkraft den notwendigen Import. Auf dem Kohlenmarkt ist eine sehr ungünstige Lage dadurch geschaffen, daß durch Arbeitszeitverringerung, geringere Schichtleistung, soziale Unruhen und durch Sozialisierungspläne, die die Unternehmungslust beeinträchtigen, ein Ausfall der Kohlenförderung bis 30 % [3]) entstanden ist. Die Eisenproduktion in Amerika, Deutschland und England ist von insgesamt 61 Mill. t (1913) auf 35 Mill. t (1919) zurückgegangen. Sonstige Rohstoffe sind knapp, auch unterliegen sie vielfach schädlichen spekulativen Einflüssen auf die Preisbildung.

Die Transportverhältnisse bieten kein besseres Bild. In den meisten europäischen Staaten weisen die Eisenbahnen eine Materialzerrüttung auf, sind Tummelplatz sozialer Streitigkeiten und leiden an chronischer Defizitwirtschaft. Dort wie in der Binnenschiffahrt macht sich der Kohlenmangel bemerkbar. Die Seeschiffahrtslage scheint günstiger zu sein. Das Kriegsdefizit von 15 Mill. t ist gedeckt, und am 31. März 1920 sind 8 Mill. t im Bau befindlich gegenüber 3,3 Mill. t Ende März 1914. Aber Deutschland nimmt den internationalen Schiffsraum stark in Anspruch, ferner ist die Bunkerkohlenversorgung mangelhaft, unregelmäßig, teuer. Die Baukosten sind auf das Fünffache des Friedenspreises gestiegen.

Der wirtschaftlichen Zerrüttung entsprechen die finanziellen Verhältnisse. Der Notenumlauf ist bis März 1920 in allen Ländern erheblich gestiegen, z. B. in England auf 450 gegen 30 Mill. £ vor dem Kriege, in Italien auf 700 gegen 110 Mill. £, in Belgien auf 200 gegen 40 Mill. £, in Deutschland auf 3000 gegen 130 Mill. £ [4]). Die Großhandelspreise erfuhren eine Zunahme in den Vereinigten Staaten auf 120 %, in England auf 170 %, in Frankreich, Italien und Belgien auf 300 %, die Valutaentwertung betrug am 15. Mai 1920 für das Pfund Sterling 22 %, den Franken 67 %, die Lire

[1]) Ernst Schmitt: Die Wiederaufrichtung Europas, Jena 1920, Diederichs S. 39 ff.

[2]) Norman Angell: Der Friedensvertrag und das wirtschaftliche Chaos in Europa, 1920, S. 2.

[3]) Vgl. Keynes I S. 190.

[4]) Nach dem Wirtschaftsmanifest des Obersten Rats vom März 1920, zitiert bei Ernst Schmitt, Die Wiederaufrichtung Europas, S. 41 ff.

75 %, die Mark 91 %. Welcher Ausfall an Kaufkraft mußte sich damit notgedrungen ergeben!

Gegenüber der Lage Europas im Jahre 1920 mit ihren hervorstechendsten Krisiselementen: erhebliche Unterproduktion, relative Unterkonsumtion gegenüber dem Optimum und — in Auswirkung der ungünstigen Wirtschaftsbilanzen — Unterkapitalisation ist das Bild, das Europa im Jahre 1922 bietet, sicher günstiger. Die Produktionsverhältnisse haben sich im ganzen erheblich verbessert, das internationale Transportwesen (soweit es nicht noch politischen Hemmnissen unterliegt) hat einen neuen Aufschwung genommen.

Da aber bei vielen Völkern und Schichten der Zwang zur Unterkonsumtion aus Mangel an Kaufkraft bestehen geblieben ist, so geschah der Umschlag von gemäß dem Bedarf durchaus normaler Produktion zur Überproduktion und anschließenden Absatzkrise sehr schnell. Und es ist daher nichts Auffallendes, wenn die Sanierung der Staatsfinanzen in den kriegsbeteiligten Ländern (von Amerika [1]) und England [2]) abgesehen) wenig Fortschritte gemacht hat und die internationale Verschuldung weiter gewachsen ist. Schließlich hängt auch noch über aller Wirtschaftsentwicklung das Damoklesschwert unruhiger außen- und innenpolitischer Verhältnisse, besonders in den Ländern, deren wirtschaftliche Lage sich immer schlechter und gefahrdrohender entwickelt hat. Dort ist selbst das allgemein festgestellte einzige Aktivum — Besserung der Produktionsverhältnisse — nicht in dem Maße vorhanden, daß des Volkes notwendigster Lebensbedarf voll bestritten werden kann. Erschütternde Beispiele bilden Rußland, Österreich und Deutschland.

Eine zusammenfassende, geldwirtschaftlich formulierte Gesamtbeurteilung der bisherigen Kriegs- und Nachkriegsergebnisse kann nur dahin lauten, daß der Krieg Europa aus einem Gläubigerkontinent zu einem Schuldnerkontinent gemacht hat und es seine in England domizilierende finanzielle Führung wenigstens vorläufig an Amerika abgegeben hat.

Das Wiedergewinnen der Vorkriegsstellung ist eine Aufgabe, die, wenn überhaupt lösbar, nur durch Anspannung aller Kräfte möglich ist. Werden diese Kräfte zersplittert und vergeudet, etwa durch Anwendung auf die Erfüllung utopischer Schuldverpflichtungen oder die Ausfechtung politischer und sozialer Dif-

---

[1]) Vgl. DAZ Nr. 15 v. 10. Jan. 1922. — Vor zu günstiger Einschätzung der amerikanischen Finanzkraft warnt: Max Schippel, Amerikas Wirtschafts- und Finanzlage und die Wiederaufrichtung Europas, 1921.

[2]) 1921/22 Budgetüberschuß 45 693 000 £, 1922/3 Budgetentwurf: 706 000 £ Überschuß bei wesentlicher Herabsetzung der Einkommensteuer und verschiedener Verbrauchssteuern und Verkehrsgebühren (Dr. Adler in der DAZ Nr. 212 vom 8. Mai 1922).

ferenzen, dann wird Europa endgültig dazu verurteilt werden, unter den Kontinenten eine untergeordnete Rolle zu spielen.

§ 7. b) Das paneuropäische Wiederaufbauproblem und das außerökonomische Forderungsnetz. Die Doppellast auf Deutschlands Schultern.

Die Lage Europas während des Krieges und nach dem Kriege läßt erkennen, daß, falls es seine kulturelle Vorkriegsstellung wiedergewinnen will, das Wiederaufbauproblem das Problem der Gegenwart, die Sorge der Völker und ihrer verantwortlichen Führer sein muß. Daß es ein wirtschaftliches, ein politisches, ein soziales Problem ist, ergibt sich aus dem Gesagten. Aber um die Universalität des Problems, wie notwendig, ganz zu erfassen, muß bemerkt werden, daß die Erhaltung bezw. der Wiederaufbau der europäischen Kultur mehr als eine politische, soziale, wirtschaftliche Aufgabe ist. Es handelt sich vielmehr um ein psychologisches, ein ethisches, ein moralisches Problem. Was ist das Ergebnis des Weltkrieges, der nach gegnerischer Behauptung zum Schutze der Heiligkeit der Verträge geführt wurde? Das Dokument von Versailles, das ein Musterbeispiel sophistischen und heuchlerischen Stils darbietet und mit N. Angell [1]) als eine „überlegt absichtliche Organisation einer Hungersnot zu politischen Zwecken“ bezeichnet werden kann.

Mit dieser moralischen Vergiftung der Atmosphäre in der hohen Politik geht in allen Nationen eine starke Demoralisation der Individuen Hand in Hand. Die sittlichen Grundsätze scheinen aus der Welt verschwunden zu sein. Überall macht sich Gier nach Macht und Gewinn breit, Haß, Neid, Unzufriedenheit, Nervosität und Hemmungslosigkeit überbieten einander. Und besonders auch in den besiegten Ländern ist an die Stelle der Selbstzucht individuelle und soziale Zügellosigkeit getreten [2]). Solange es in der internationalen Handlungsweise der Staaten selbst an hochstehenden ethischen Prinzipien mangelt, wird auch die moralische Infektion der Massen, nur zu häufig die entscheidende Wurzel nationalen Unglücks, nicht zu beheben sein.

An diesen Zusammenhang zu denken und auf die Beseitigung der moralischen Infektion hinzuarbeiten, ist die Pflicht jedes europäischen Staatsmannes und ebenso der gesamten europäischen

---

1) N. Angell: Der Friedensvertrag usw. S. 60.

2) Der Engländer Sir Henry Penson dürfte mit seiner Bemerkung, daß er bei seinem Besuche in Deutschland (Jan. 1922) von einer moralischen, Degeneration gar nichts bemerkt habe, ziemlich alleinstehen. („Is Germany prosperous?“ 1922, beurteilt in der DAZ vom 25. Juni 1922 Nr. 289). Vgl. demgegenüber z. B. das Gutachten des engl. Professors Starling über die moralische Verfassung Deutschlands: „Die deutsche Nation ist an Leib und Seele gebrochen (nach N. Angell, Der Friedensvertrag usw. S. 51 ff.).

Presse, soweit ihnen die Wiederaufrichtung Europas tatsächlich am Herzen liegt.

Wir kehren zu der wirtschaftlich-finanziellen Seite des Problems zurück. Die komplizierten Aufgaben, die jedes Volk für seinen Wiederaufbau und den der europäischen Gemeinschaft zu leisten hat, finden ihr — nach dem heutigen Anschein fast unüberwindliches — Hindernis in dem „außerökonomischen Forderungsnetz" (wie es Alfred Weber bildhaft und begrifflich klar bezeichnet hat [1])), das sich über die Welt hinzieht und mit den natürlichen Wirtschaftstendenzen und Zahlungsausgleichen in Konflikt steht. Es besteht aus zwei Teilen:

I. Der obere Teil wird gebildet durch das Netz der Verschuldung der alliierten Staaten untereinander. 1920 betrug diese 79,8 Md. GM. [2]). Hauptgläubiger sind die Vereinigten Staaten mit 37,8 Md. GM., England mit 34,9 Md. GM. und Frankreich mit 7,1 Md. GM.; Hauptschuldner sind England mit 16,8 Md. GM., Frankreich mit 21,2 Md. GM., Italien mit 16,5 Md. GM. und Rußland mit 15,4 Md. GM. Die Nichtbegleichung der Zinsen von Seiten der Hauptschuldner führte 1921 und 1922 zu einem weiteren Anwachsen der Forderungen [3]). Neuerdings hat nur England durch ein Abkommen mit den Vereinigten Staaten wieder den regelmäßigen Zinsendienst aufgenommen [4]).

II. Der untere Teil wird dagegen gebildet durch die Reparationssumme von 132 Md. GM.

Beide Teile sind genetisch insofern voneinander verschieden, als der Gegenstand des oberen Teils die Rückzahlung gewährter Anleihen oder Vorschüsse ist, der des unteren Teils dagegen eine Leistung, der absolut kein irgendwann geleisteter Gegenwert entspricht. Da aber die gewährten Anleihen und Vorschüsse fast ausschließlich zu destruktiven Zwecken gewährt und verwandt worden sind, also keine besonderen produktiven Tilgungsfonds geschaffen wurden, so gehören beide Arten der Verpflichtung nach ihrer Wirkung durchaus einer einheitlichen Kategorie an. Beide haben (im Gegensatz zu den Kausalgeschäften für den oberen Teil, die entgeltliche Übertragung bezweckten) übereinstimmend die

---

[1]) „Deutschlands finanzielle Leistungsfähigkeit jetzt und künftig" im A.S.S. Bd. 49, Heft 2, 1922, S. 272/273.

[2]) Nach Keynes I S. 222, woselbst ausführliche Tabelle.

[3]) Balfours Schuldenmanifest vom 1. August 1922 (DAZ vom 2. August 1922 Nr. 332). Stand vom 31. März 1922 in guter Übersicht: im Heft 9 des „Wiederaufbau" (her. Parvus), Berlin 1922. — Die sonstige (ökonomische) Verschuldung Europas an die Ver. Staaten beträgt nach Prof. Friday-Michigan: 5 Md. $ (DAZ Nr. 215, vom 10. Mai 1922, Abdruck aus der ersten „Wiederaufbaunummer" des Manchester Guardian Commercial vom 20. 4. 1922).

[4]) Vgl. Artikelserie Lloyd Georges in der DAZ. Art. VIII (Nr. 56/57, 4. Febr. 1923) und IX (Nr. 80/81, 18. Febr. 1923) und H. Schumacher „Das Baldwinabkommen" DAZ Nr. 298 und Nr. 299 vom 30. Juni 1923.

unentgeltliche Übertragung von Gütern an ein anderes Volk zum Gegenstand. Der Wiederaufbau Europas wird dadurch entscheidend erschwert.

Wenn Professor Weber [1]) den kräftig angezogenen unteren Teil als das „Nessushemd" bezeichnet, „in dem der deutsche Wirtschaftskörper heute verbrennt", so kann man dieses Bild auch auf den oberen Teil des Forderungsnetzes anwenden, in bezug auf den europäischen Wirtschaftskörper. Dieser leidet so unter den Fesseln der Verschuldung und ihren Auswirkungen, daß ein erfolgreicher Wiederaufbau ohne Herabsetzung oder Annullierung der internationalen Schulden undenkbar erscheint.

Ich bin nun bei dem Punkte angelangt, wo sich das Reparationsproblem darstellt als Schnittpunkt zweier Tatsachenreihen: der Zerrüttung Europas einerseits (einschließlich der internationalen Verschuldung) und der Entwicklung der Reparationsverpflichtung andererseits. Auf Europa ruht die Last des europäischen Wiederaufbaus und auf Deutschland neben dem Anteil an dieser allgemeinen Last — noch die zweite Last: Schuldner in einem Schuldverhältnis zu sein, das nach gegenwärtiger Festsetzung die gesamte Höhe der übrigen zwischenstaatlichen Verschuldung um die Hälfte und mehr übertrifft (132 Md. gegen 80 Md. GM.).

3. Abschnitt: Der allgemeine Charakter des Reparationsproblems und insbesondere seine wirtschaftlich-finanzielle Seite. Die entscheidende Fragestellung für die weitere Untersuchung.

§ 8. Der allgemeine Charakter und die drei Lösungsmöglichkeiten, insbesondere die „wirtschaftliche Lösung".

Der Begriff des Reparationsproblems, wie er im Einleitungsparagraphen allgemein umgrenzt wurde, hat durch den bisherigen Gang der Untersuchung eine Verengerung einerseits und eine — über das Wirtschaftliche hinausgehende — universelle Charakterisierung andrerseits erfahren. Die Verengung besteht darin, daß mit dem Londoner Zahlungsplan für die Erörterung des Leistungsproblems das notwendige Zahlenfundament gewonnen wurde. Die universelle Charakterisierung ergibt sich aus der Eingliederung in das zwischenstaatliche Verschuldungsnetz und das paneuropäische Wiederaufbauproblem überhaupt.

Eine geringe Reparationsleistung — sagen wir z. B. von 4 Md. GM. wie 1871 — würde ihren Grundcharakter als wirtschaftlich-finanzielles Problem nicht umgestoßen haben, anders die Entwicklung der Reparationsverpflichtung zu ihrer kaum erfaßbaren Höhe von 132 Md. GM., bezw. zu einem jährlich laufenden Milliar-

[1]) Weber: A. S. S., Bd. 49, Heft 2, 1922 S. 272/3.

dentribut auf Jahre und Jahrzehnte hinaus. Dadurch hat das Reparationsproblem denselben universellen Charakter wie das paneuropäische Wiederaufbauproblem erhalten und teilt mit diesem die soziale, die politische, die kulturelle und die moralische Seite [1]).

Die volkswirtschaftliche Bedeutung dieses Zusammenhangs wird schon durch die einfache Überlegung verdeutlicht, daß in einer Zeit wachsenden Elends, sozialer und politischer Unruhen, nationaler Erniedrigung und einer allgemeinen Demoralisation der Arbeitsertrag notwendig geringer sein muß als in Zeiten wachsenden Wohlstandes, sozialer Beruhigung und kulturellen Aufstiegs.

Dem dargestellten universellen Charakter entsprechend ergeben sich für das Reparationsproblem drei „Lösungsmöglichkeiten" [2]):

I. Die Reparationsverpflichtung kann durch den moralischen Einfluß der anderen Völker gänzlich beseitigt oder auf einen geringeren Betrag herabgemindert werden [3]).

II. Die Reparationsverpflichtung kann durch politische (freiwillige) Konzessionen oder (Zwangs-) Entscheidungen die gleiche Änderung erfahren.

III. Die wirtschaftliche Lösung: Deutschland versucht die jeweiligen Reparationsverpflichtungen wirtschaftlich zu erfüllen. Solange diese nicht der tatsächlichen Leistungsfähigkeit Deutschlands und der Aufnahmefähigkeit der fremden Länder entsprechen, muß dieser Erfüllungsversuch durch sich selbst scheitern, nämlich durch die inneren Widersprüche, die sich aus der Hintansetzung der staatlichen Lebens- und Wiederaufbaunotwendigkeiten einerseits und der wirtschaftlichen Lage andrerseits ergeben.

Die endgültige Lösung wird wohl ihre Elemente allen drei Wegen entnehmen [4]), nach der Auffassung des Verfassers wird aber die gekennzeichnete wirtschaftliche Lösung die (zeitlich) primäre Bedeutung haben. Denn in der Gegenwart scheint die Politik eher moralische Empfindungen zu ignorieren als nationale Wirtschaftskatastrophen. Einen Beweis hierfür bietet die Stellung

---

[1]) Die vielerörterte, an sich nicht zu unterschätzende juristische Seite („ultra posse nemo obligatur") erscheint in diesem Zusammenhang nebensächlich.

[2]) Der Ausdruck „Lösung" ist mit Absicht so gewählt als Oberbegriff für „Erfüllung" (d. i. Durchführung der Verpflichtung) und „Auflösung" (d. i. Wegfall bzw. Verminderung der Forderung).

[3]) Der Theorie Nittis, daß moralische Ideen für die Völker größere Anziehungskraft haben als Reichtum (Das friedlose Europa, S. 242), schlägt die Geschichte der Reparationsverpflichtung ins Gesicht.

[4]) Vgl. Keynes: „Laster und Tugend, Vernunft und Wahnsinn, Interesse und Leidenschaft, Vorurteil und Mitleid — alles das wird zusammenkommen, um uns wankend zu machen". („Gedanken über die wirtschaftliche Zukunft, Sonderabdruck der DAZ, Berlin 1921, Spalte 7).

der europäischen Nationen zum Bolschewismus. Erst als man sah, welche kritischen Folgen der Ausfall der landwirtschaftlichen Produktion Rußlands und seiner Aufnahmefähigkeit für Europa und die Weltwirtschaft hatte, hielt man es für nötig (nun allerdings dringend nötig), sich mit der Sowjetregierung in Verbindung zu setzen. Der heutige allgemein psychologische Zustand ist eben ein solcher, daß man erst von immer stärkerer Zunahme der Not, von immer noch sichtbareren Zeichen des Verfalls den Durchbruch der Vernunft erwarten kann. Diese Skepsis bezüglich der Einsicht der Beteiligten ist ein notwendiger Faktor für die Beurteilung, der Lösungsmöglichkeiten.

Wir kehren nun zur wirtschaftlichen Seite des Problems zurück dürfen dabei aber nicht vergessen, daß die Wirtschaftswissenschaft neben physiologischen Tatsachen in weitem Umfange auch psychologische Zusammenhänge zu beachten hat [1]).

Entsprechend Ziffer III lautet die Fragestellung für die weitere Untersuchung: Warum muß auf die Dauer die wirtschaftliche Erfüllung der Reparationsverpflichtungen scheitern?

In dieser Fragestellung, wie schon oben unter Ziffer III, liegt das Urteil enthalten, daß das Londoner Ultimatum unerfüllbar ist. Die Frage: „Ist das Londoner Ultimatum in vollem Umfange erfüllbar?" stellt heute kein ernst zu nehmender Wirtschaftsfachmann der Welt mehr. Wohl aber bleibt es der Erörterung wert zu untersuchen, warum die Erfüllung — selbst wenn die eine oder andere Rate gewaltsam aufgebracht wird — auf die Dauer scheitern muß bezw. mehr oder weniger schon gescheitert ist.

Mit der Aufdeckung der entscheidenden Grundzusammenhänge und der Abweisung von Fehlschlüssen erfüllt die Wissenschaft die bedeutungsvolle, auch sittlich zu wertende Aufgabe, der Legende von dem schlechten Willen Deutschlands entgegenzutreten — einer Legende, durch deren agitatorische, demagogische Auswertung, besonders von Seiten Frankreichs, die politische Atmosphäre vergiftet und in bezug auf das paneuropäische Wiederaufbauproblem ein gefährlicher Keim des Mißtrauens gesät worden ist.

§ 9. b) Die staatsfinanzwirtschaftliche und die volkswirtschaftliche Seite der Erfüllung.

Die aufgeworfene Frage: „Warum muß die wirtschaftliche Erfüllung der gegebenen Reparationsverpflichtungen auf die Dauer scheitern?" erfordert vor allem eine Untersuchung über den

[1]) Vgl. Horneffer: Die große Wunde, 1922, S. 8: „Die Nationalökonomie ist in der gleichen Gefahr wie das praktische Leben selbst, nämlich das vorliegende Problem der sozialen Ordnung zu einseitig aus der Perspektive der Wirtschaft zu betrachten und die allgemein-menschlichen, psychologischen Faktoren zu übersehen".

Sinn der Worte: „wirtschaftliche Erfüllung". Wer ist das Subjekt der Erfüllung, wer erfüllt, wer leistet? Bei der Erörterung der Aufbringungsfrage wurde sehr bald erkannt, daß im Gegensatz zu der einfachen mechanischen Auffassung des Londoner Zahlungsplanes die Aufbringung in Wirklichkeit ein doppelter Vorgang ist [1]): man hat nämlich die staatsfinanzwirtschaftliche und die volkswirtschaftliche Seite scharf zu unterscheiden. Die staatsfinanzwirtschaftliche Seite besteht in der Aufbringung der Leistungen und Übertragung an den Gläubigern von Staats wegen, die volkswirtschaftliche Seite in der Aufbringung der Deckung.

Diese Unterscheidung ist äußerst wichtig, und es bedarf einer ausführlichen Darlegung des Verhältnisses der beiden Seiten zueinander, um das Fundament für die weiteren Untersuchungen (des zweiten Teils) zu gewinnen.

Es ist davon auszugehen, daß der aus dem Londoner Zahlungsplan Verpflichtete der deutsche Staat ist. Dieser hat die Kapitalschuldverschreibungen auszustellen und zu übergeben und als Zins- und Amortisationszahlungen die Annuitäten zu leisten (vgl. oben § 4 Ziffer II). Seine und der Gliedstaaten gesamten Einnahmen und Besitztümer haften dafür. Der deutsche Staat ist also in jeder Beziehung Kontrahent, an ihn wenden sich die gegnerischen Forderungen, er verlangt Stundung usw. Sämtliche Leistungen auf Reparationskonto finden ihren Niederschlag auf der Ausgabenseite im Staatshaushalt nach dem für sie aufgewendeten Geldbetrag. Diese Ziffern im Ausgabeetat sind der einheitliche Ausdruck für alle Leistungen irgendwelcher Form [2]), z. B. Gold, Sachleistungen, Devisen, auch Arbeitsleistungen. Es ist Sache des Staates, diese Ausgaben durch Einnahmen zu decken, sei es durch Erwerbseinkünfte, sei es durch Steuern oder Kredite. Die Erwerbseinkünfte spielen bei dem gegebenen Riesenbedarf keine Rolle, außerdem ist die Defizitwirtschaft der Reichsbetriebe seit der Revolution nur schwer zu beseitigen. Die Kredite bedeuten nur eine zeitliche Vorwegnahme künftiger Steuern, soweit sie nicht produktiv verwandt werden und durch den Anlageertrag getilgt werden können [3]). Es bleiben also als Haupteinnahmequellen die Steuern.

---

[1]) Vgl. Gutmann: Grundsätzliches zum Reparationsplan, 1921, S. 14—15.

[2]) Man muß sich stets darüber klar sein, daß die Formfrage gegenüber der Fondsfrage sekundäre Bedeutung hat. Ich beschränke mich auch grundsätzlich auf die Fondsfrage (vgl. oben § 1) und erwähne immer nur das Formproblem, wenn es sich um Abgrenzungen oder Klarstellungen handelt. — Daß die Frage nach der Form vor allem immer das Vorhandensein der Fonds voraussetzt, mag denen gegenüber festgestellt werden, deren Beurteilung der Sachleistungsabkommen nur die Vorzüge gegenüber anderen Leistungsformen sieht.

[3]) Die Leistung aus Krediten findet im 2. Teil (siehe unten § 13) ihre grundsätzliche Erörterung.

Das Objekt der Besteuerung sind die Staatseinwohner und ihre Wirtschaften — mit einem Worte die Volkswirtschaft. Es tritt also an die Stelle des formal zur Leistung verpflichteten Staates die deutsche Volkswirtschaft, die faktische Leistung wird Aufgabe des deutschen Volkshaushalts [1]), der den Staatshaushalt begrifflich mitumfaßt [2]).

Welche Funktion ist nun die bedeutsamere? Die der Volkswirtschaft, soundsoviel abschöpfbare Erträge abzuwerfen oder die des Staates, die Erträge zu erfassen und für seine Reparationsverpflichtungen dienstbar zu machen? Die Antwort kann nur lauten: Die Bedeutung der Erfassung ist ungleich geringer als die der Hervorbringung der Erträge, m. a. W.: die volkswirtschaftliche Seite des Erfüllungsproblems ist die entscheidende, nicht die staatsfinanzwirtschaftliche [3]). Dabei darf natürlich nicht vergessen werden, daß der Staat nicht auf seine staatsfinanzwirtschaftliche Funktion beschränkt ist. Die Wirtschaft des Staates schlechthin ist zugleich auch ein Teil der Volkswirtschaft, ist also auch Subjekt der volkswirtschaftlichen Erfüllung. Und diese Funktion ist sehr erheblich, da die Staatswirtschaft trotz ihrer begrifflichen Koordinierung gegenüber den anderen Teilen der Volkswirtschaft, nämlich den privaten Wirtschaften, diese an Bedeutung weit übertrifft, was in dem Wesen und den Aufgaben des modernen Staates begründet ist.

Die beiden Bestandteile der wirtschaftlichen Erfüllung bedingen sich gegenseitig derart, daß die staatsfinanzwirtschaftliche Erfüllungsmöglichkeit immer begrenzt ist durch die volkswirtschaftliche Erfüllungsmöglichkeit [4]). Das heißt also: Wenn die deutsche Volkswirtschaft nicht jährlich 2 Md. GM. und 26 % des Wertes ihrer Ausfuhr abgeben kann, dann ist auch der Staat dazu nicht imstande und kann auch durch keinerlei Mittel (Überbesteuerung, Krediterzwingung oder ähnliches) dazu befähigt werden. Es bedeutet einen unglaublichen Mangel an ökonomischer Ein-

---

[1]) Wenn A. Weber von den 132 Md. als „einer Generalhypothek auf die deutsche Wirtschaft" spricht (A. S. S. 1922, Bd. 49, Heft 2, S. 272), so trifft dies formal nicht zu (denn nur das Staatsvermögen und die Staatseinnahmen haften formell nach Art. 248 des Versailler Vertrages), materiell entspricht aber die Bezeichnung durchaus der Funktion der Volkswirtschaft.

[2]) Vgl. Sering (in „Deutschlands Wiederaufbau" 3.—4. Heft, 1920, S. 33) „Der öffentliche Haushalt ist ein Stück des Volkshaushaltes überhaupt". Besonders greifbar ist dieser Zusammenhang bei den Reichs-Verkehrsbetrieben, wo ein Überschuß z. B. den privaten Wirtschaften Steuern erspart.

[3]) Dies betont z. B. auch der kommunistisch orientierte Dr. E. Pawlowski (in „Der Bankrott Deutschlands", 1921, S. 9—10 und S. 72).

[4]) Dagegen kann die staatsfinanzwirtschaftliche Erfüllungsmöglichkeit sehr wohl hinter der volkswirtschaftlich denkbaren zurückbleiben, da neben dem Ertragabschöpfungsproblem auch das der Wertübertragung von Staat zu Staat (Empfangsproblem i. e. S.) in Frage kommt. (Nicht zu verwechseln mit dem von Volkswirtschaft zu Volkswirtschaft, das eine Grenze der volkswirtschaftlichen Leistungsfähigkeit bildet, s. § 15).

sicht, wenn dieser absolut klare Zusammenhang in dem Kampf um die Reparationsleistung und in bezug auf das innere Deckungsproblem zum Teil so völlig verkannt worden ist. So basieren das ganze Auftreten des amtlichen Frankreich gegenüber dem zur Reparationsleistung formell verpflichteten deutschen Staate, seine Noten, Drohungen, Gewaltmaßnahmen auf dem irrigen Standpunkt, daß die staatsfinanzwirtschaftliche Erfüllung nur vom guten Willen Deutschlands oder der Kontrolle der Alliierten abhinge. Die Vertreter dieses Standpunkts verkennen, daß die staatsfinanzwirtschaftliche Leistungsfähigkeit ihre unüberwindliche Grenze in der Ertragfähigkeit der Volkswirtschaft findet, daß die Gewährung von (unverzinslichen) Stundungen oder (verzinslichen) Krediten nichts daran ändert, und daß die verlangte Übersteuerung, die Auslieferung „produktiver Pfänder" nicht Sache des Staates oder des guten Willens seiner Parteien, sondern eine Angelegenheit der Volkswirtschaft ist.

In dem Augenblick natürlich, wo solche Maßnahmen nur politisch gerechtfertigt werden, wo man auf jede ökonomische Begründung verzichtet, ist die Überlegung, aus der heraus die Maßnahme entstand, nicht mehr Gegenstand der Wirtschaftswissenschaft [1]). Der Volkswirt muß sich die Kritik versagen [2]).

In diesem Zusammenhange verdienen auch die Ergebnisse der Verhandlungen der Sozialisierungskommission über die Reparationsfrage [3]) im Juli und September/November 1921 eine besondere Beurteilung. Nach dem Fragebogen, der den Verhandlungen vorausgeschickt wurde, schien es, als ob die volkswirtschaftliche Seite der Erfüllung, wie notwendig, in den Vorder-

---

[1]) Vgl. dazu z. B. Nitti (Das friedlose Europa, S. 200): „Die Berechnungen ... beruhen alle auf dem Urteil der französischen Politiker, die nur das eine Ziel verfolgen, mit Hilfe der Entschädigungsleistungen Deutschland unter Aufsicht zu stellen".

[2]) Ein Beispiel wirtschaftlicher Ahnungslosigkeit bietet die Behauptung Poincarés: „Deutschland habe den Beweis geliefert, daß es eine systematische Entwertung der Mark verfolge" (vgl. Dr. Wirths Rede vor der ausländischen Presse vom 16. Aug. 1922, DAZ Nr. 357 vom 17. Aug. 1922, dann Poincarés Rede in Bar-le-Duc am 21. Aug., DAZ Nr. 365 vom 22. Aug. 1922, frühere Äußerung P.'s schon in der „Revue des deux mondes" vom 1. Nov. 1921, zitiert bei Reichert: Rathenaus Reparationspolitik, 1922, S. 211). Daß die Ansicht, Deutschland reibe sich ob des Zusammenbruchs der Mark vergnügt die Hände, nicht nur als Farce eines politischen Demagogen zu werten ist, geht daraus hervor, daß Männer wie Nitti (Das friedlose Europa), S. 231), Asquith (DAZ 11. Nov. 1921, Nr. 521) und Prof. Einaudi (DAZ Nr. 540 vom 23. Nov. 1921 Art.: Ist der Marksturz künstlich herbeigeführt?) sie einer Widerlegung für würdig erachten. Vgl. auch die Rede des Staatssekretärs Schroeder vor der Rep. Komm. am 30. Aug. 1922, (DAZ Nr. 381 vom 31. 8. 22) und Wolf: Markkurs usw. S. 7—8.

[3]) Im Druck erschienen bei Engelmann, Berlin 1921—22, 2 Bände, als Ergänzung noch ein 3. Band (1922) über „Stabilisierung der Währung".

grund gestellt werden sollte [1]). Den beiden ersten Fragen: Aufbringung der Devisen aus den laufenden Erträgen der Wirtschaft und sonstige Aufbringung (Export von Schätzen, kurz- und langfristiger Kredit) folgte erst als dritte Frage: die interne Verteilung der Lasten (also das innere Deckungsproblem). Dieses Gremium auserwählter Gelehrter und Wirtschaftsführer hätte eine bedeutende wissenschaftliche Tat vollbringen können, wenn die Begrenzung der staatsfinanzwirtschaftlichen Erfüllung durch die Beziehungen zu der Volkswirtschaft einwandfrei dargelegt worden wäre. Statt dessen ist im Verlauf der Verhandlungen immer mehr das staatsfinanzwirtschaftliche Problem in den Vordergrund gerückt worden, und man hat die höheren wissenschaftlichen Ziele der Teilfrage geopfert: Wie ist der Staat in die Lage zu setzen, die nächste, übernächste, drittnächste Zahlung von soundsoviel Milliarden zu leisten [2])? Diese Einstellung mußte konsequenterweise dazu führen, das eigentliche Problem — die volkswirtschaftliche Erfüllung — etwas beiseite zu schieben (wiewohl dieser Vorwurf nicht alle Mitglieder oder Verhandlungsanwesende trifft) und die volkswirtschaftliche Leistungsfähigkeit sozusagen nur in eine Hilfsstellung gegenüber den Staatshaushaltsnotwendigkeiten hineinzuweisen (wenigstens für die Übergangszeit [3])).

„Die Gesundung unserer Finanzen ist die Vorbedingung für die Gesundung unserer Wirtschaft", sagt Kuczynski [4]), und baut darauf seinen Sanierungsplan auf: „Die zweckmäßigste Lösung wäre da wohl die Konfiskation des gesamten Privatvermögens durch das Reich" [5]). Ich muß meine scharfe Gegnerschaft gegenüber dieser Auffassung bekennen, die das Loch im Staatshaushalt stopfen und den Wert der Mark heben will, indem ein Loch in die privaten Teile der Volkswirtschaft gerissen wird. Selbst wenn dies konfiszierte Vermögen nicht zur Hälfte oder zum vierten Teil an die Entente abgeführt würde [6]), könnte der volkswirtschaftliche Gesamtertrag schon rein logisch durch die Wegnahme des Vermögens aus privater Hand und Überführung in Staatshände gar nicht vermehrt werden, sondern der Einfluß des Austausches

---

[1]) Verh. S. K. I. S. 4—5 und Vorbemerkung auf S. 3.

[2]) Geradezu ausgesprochen von Dr. Braun am 7. Okt. 1921 (Verh. S. K. II S. 97): Am 15. Jan. müssen wir bezahlen „Alle übrigen Fragen sind curae posteriores".

[3]) Vgl. dazu die „Vorläufige Erklärung" (Verh. S. K. I. S. 387/8), die fast rein staatsfinanzwirtschaftlich gehalten ist. v. Batocki nennt sie mit Recht nur eine „Teilresolution" (II S. 21). Diese Beschränkung mußte dann aber mindestens in der Überschrift angedeutet werden.

[4]) Verh. S. K. I S. 22.

[5]) Verh. S. K. I S. 15.

[6]) Und dabei ist die Weiterleitung eines Teils an die Entente ein Hauptzweck des Kuczynskischen Plans. Vgl. Jahrbuch der Finanzpolitischen Korrespondenz (her. von Kuczynski) 1. Heft, Berlin 1921, Robert Engelmann, S. 47, Ziffer 2.

der Besitzer muß schon infolge der Reibungswiderstände den Ertrag zum Sinken bringen.

Meines Erachtens ist die ganze Voraussetzung Kuczynskis falsch, was folgende Überlegung verdeutlicht: Für die Gesundung kranker Staatsfinanzen kommen folgende Wege in Frage:

I. Von außen her, also mit Unterstützung eines fremden Staates, nicht der eigenen Volkswirtschaft (B.: Geschenke, Subsidien, Schuldenerlaß, Sukzession in fremdes Staatseigentum, auch Papiergeldankäufe). Auf diesem Wege kann allerdings auch eine Gesundung der Volkswirtschaft herbeigeführt werden, wenn nämlich der staatsfinanzielle Zuwachs für produktive Zwecke verwendet wird; sonst — wenn sich die allgemeine Wirtschaftsbilanz nicht bessert und das Mißverhältnis zwischen volkswirtschaftlicher Produktion und Konsumtion bestehen bleibt — kann die Sanierung der Finanzen nur eine vorübergehende sein.

II. mit Hilfe der eigenen Volkswirtschaft.

1. durch die gewöhnlichen (wenngleich außerordentlich angespannten) Mittel der staatlichen Finanzwirtschaft, was nach dem heutigen Stande der Finanzwissenschaft als verhältnismäßig leichte Aufgabe anzusehen ist. Dieser Weg setzt aber unbestreitbar eine abschöpfbare Erträge liefernde, d. h. gesunde Volkswirtschaft voraus.

2. Durch einen gewaltsamen Eingriff in deren produktive Substanz [1]), sei dies nun eine große Vermögenskonfiskation, „Erfassung der Sachwerte" oder hochprozentige Gewinnbeteiligung. Hierdurch wird ein bestehendes Mißverhältnis zwischen Produktion und Konsumtion nicht nur nicht beseitigt, sondern um so mehr verschlimmert, als die gewonnenen Mittel unproduktiv verwendet werden. Auf die Dauer ist kein anderes Ergebnis möglich, als daß die vermehrte Zerrüttung der Volkswirtschaft jeden augenblicklichen Scheinerfolg für die Staatsfinanzen (und vielleicht auch die Währung) in einen um so schlimmeren Zusammenbruch verwandelt.

Sofern man also eine dauernde Gesundung der Finanzen im Auge hat, kommt, von der an sich denkbaren auswärtigen Hilfe abgesehen, nur Weg II 1. in Frage und dieser setzt die Gesundung der Wirtschaft voraus. Das Verhältnis ist also gerade umgekehrt zu formulieren, als es Kuczynski tut: die Gesundung der Volkswirtschaft ist die Vorbedingung für die der Finanzen, die Finanzbilanz ist abhängig von der Bilanz unserer Volkswirtschaft. Gesundet die Volkswirtschaft, dann bringt dieser Prozeß, wofern er in seiner natürlichen Entwicklung nicht gestört wird,

---

[1]) Die Erfassung von konsumtioneller Luxussubstanz (Parks, Teppiche, Schmuck usw.) würde, soweit überhaupt über die gewöhnliche Besteuerung hinaus durchführbar, nur eine Summe verhältnismäßig unbedeutender Größenordnung ergeben, vgl. auch unten § 11.

die Gesundung der Staatsfinanzen (und damit letzten Endes auch der Währung) mit sich.

Diese nicht einmal rein staatsfinanzwirtschaftlich zu erklärende Einstellung Kuczynskis muß um so schärfer abgelehnt werden, als sie dem oben gekennzeichneten Standpunkt der Gegner entspricht, die den Eingriff in die Substanz des Volksvermögens als probates Sanierungsmittel für die Staatsfinanzen ansehen und dem deutschen Staate bei Verweigerung dieses Mittels schlechten Willen oder starrsinnige Haltung vorwerfen [1]). Mit Kuczynskis Motivierung: „Mein Prozentsatz (der Besitzsteuer) bestimmt sich nach dem, was ich brauche" [2]), läßt sich allerdings jede staatsfinanzielle Forderung der Reparationskommission begründen.

Ich fasse zusammen: Auf die Dauer ist die staatsfinanzwirtschaftliche Erfüllungsmöglichkeit ebenso bedingt durch die volkswirtschaftliche Erfüllungsmöglichkeit wie die Gesundung der Finanzen durch die Gesundung der Wirtschaft [3]). Darum muß sich jede Erörterung über die Ausführbarkeit der Reparationsverpflichtungen mit den Aussichten der Volkswirtschaft befassen. Dies erscheint um so notwendiger, als die zerrüttete Währung Deutschlands jede wissenschaftliche staatsfinanzwirtschaftliche Betrachtung um so unfruchtbarer macht, je weiter diese Währungszerrüttung fortschreitet.

Ganz abgesehen nämlich von dem entwickelten Zusammenhang zwischen Finanzen und Volkswirtschaft und der Streitfrage, wo der Gesundungsprozeß im einzelnen zu beginnen hat [4]), läßt sich jedenfalls feststellen, daß die äußere oder innere Geldentwertung die Erörterung der staatsfinanzwirtschaftlichen Seite der Erfüllung in einer ganz anderen Weise erschwert, als dies bei der volkswirtschaftlichen Betrachtung der Fall ist. Es gibt keine wissenschaftliche Berechnung, wieviel Papiermilliarden in den Haushaltsplan eingestellt werden müssen, um z. B. 3,5 Md. GM. (bei angenommener Ausfuhr von etwa 6 Md. GM.) zu erhalten.

---

[1]) Diese Stellungnahme gegen Kuczynski bedeutet kein Urteil über die Idee des Reichsnotopfers als solche, wie sie z. B. 1917 von Jastrow vertreten worden ist („Gut und Blut fürs Vaterland", Berlin 1917, G. Reimer) und auch für 1919 noch aufrechterhalten wurde (ders. „Deutschlands Volksvermögen im Kriege", 2. Aufl. Berlin 1919, Springer, bes. S. 29—32). Jene Opfer-Idee ist als wissenschaftlich begründete Forderung unter ganz anderen Voraussetzungen entstanden, als sie seit Auswirkung des Friedensdiktats, also seit 1920 etwa, gelten.

[2]) Verh. S. K. II, S. 302.

[3]) O. Schwarz urteilt über den Wiederaufbau der Weltwirtschaft analog: „Von der Warenseite, nicht von der Geldseite her kann letzten Endes den Völkern Hilfe kommen (in „Deutschlands Wiederaufbau", 1920, 2. Heft, S. 16).

[4]) Vgl. die z. T. entgegengesetzten Meinungen Webers, Eulenburgs, Lederers, Dietzels, Bernhards, Feilers in der Vers. v. 13. 7. 21 vorm. (Verh. S. K. I S. 143/160).

Denn jede Papiermilliarde (ohne festen Einlösungskurs), die in Devisen verwandelt werden soll, treibt kraft ökonomischer Notwendigkeit den Verwandlungskurs schon der nächsten Papiermilliarde in die Höhe. Wenn z. B. Keynes [1]) eine Goldmark = 20 Papiermark setzte und dementsprechend für 3,5 Md. GM. 70 Md. Papiermark in den Etat einsetzen wollte, so war dies höchstens illustrativ zu werten. Theoretisch ist es falsch, da es ausgeschlossen ist, daß die Verwandlung von der ersten bis zur letzten Papiermarkmilliarde zum gleichen Kurs vor sich gehen kann. Andrerseits läßt sich diese Kursveränderung auch nicht einmal schätzungsweise feststellen. Die gleiche Überlegung gilt auch für die Sachleistungen: Die erste Papiermilliarde (im Staatshaushalt) kauft mehr Sachleistungen als jede nächste, da in ihnen ein Bedarf an Devisen für Rohstoffimport bezahlt werden muß. Allerdings braucht hier die Schwankung des Verwandlungskurses nicht so extrem wie dort zu sein — jedenfalls ist es auch hier theoretisch unhaltbar, einen stabilen Umrechnungskurs zur Grundlage für wissenschaftliche Erörterungen zu machen. Parvus sagt mit vollem Recht [2]): „Jeder Versuch, die Zahlungsfähigkeit Deutschlands auf Grund von Papiergeldrechnung festzustellen, ist ein Versuch mit untauglichen Mitteln."

Dagegen spielt die Valutafrage und die innere Geldentwertung bei der volkswirtschaftlichen Betrachtung eine ganz andere Rolle. Sie ist auch dort von entscheidender Bedeutung, während sie aber der staatsfinanzwirtschaftlichen Betrachtung am Anfang jeder Untersuchung steht — sie bleibt in dem Staatshaushalt mit zerrütteter Währung das Basisproblem — gruppiert sie sich dort ganz anders ein (s. unten 2. Teil § 16).

§ 10. Der Plan für den zweiten Teil der Arbeit.

Nach vollendeter Eingliederung des Reparationsproblems in das paneuropäische Wiederaufbauproblem einerseits und nach Herauskristallisierung der volkswirtschaftlichen Seite andererseits ist nun das Fundament gewonnen, um die volkswirtschaftliche Erfüllbarkeit oder Nichterfüllbarkeit der gegebenen Reparationsverpflichtungen systematisch zu untersuchen. Hierbei ist dreierlei zu beachten:

I. hat die

a) grundsätzliche Erörterung, woraus eine Volkswirtschaft einen Tribut (eine unentgeltliche Leistung) aufbringen kann (allgemeines volkswirtschaftliches Leistungsproblem, Fondsfrage) der

[1]) Keynes III S. 80—84.
[2]) Parvus: Der wirtschaftliche Rettungsweg, Berlin 1921, S. 12/13.

b) besonderen Erörterung, welche Möglichkeit für das Deutschland der Gegenwart in Frage kommt, voranzugehen (besondere Frage der Erfüllbarkeit);

II. haben sich zu ergänzen:

a) die statische Betrachtung: Wie beantwortet sich die Frage der Erfüllbarkeit nach dem Jetztzustand? und

b) die dynamische Betrachtung: Welche nahe Zukunftsentwicklung ist zu erwarten (Aussichten und Hemmnisse der Erfüllung);

III. ist zu unterscheiden:

a) die Leistungskraft (Aktivbefähigung) der deutschen Volkswirtschaft von der

b) Aufnahmefähigkeit (Passivbefähigung) der Weltwirtschaft.

Den ersten Abschnitt des zweiten Teils bildet die Erörterung der Fonds für die Leistungsaufbringung, und zwar sind nacheinander abzuhandeln:

a) die Aufbringung aus dem Volksvermögen (§ 11),

b) die Aufbringung aus dem Produktionsüberschuß (§ 12),

c)—d) zwei logische Ergänzungen hierzu (§ 13).

Der prinzipiellen Erörterung zu a) und b) folgt jeweilig die besondere Erörterung durch Vergleichung der Reparationsverpflichtungen mit dem gegenwärtigen Zustand der deutschen Volkswirtschaft (statische Betrachtungsweise).

Der zweite Abschnitt (§ 14 ff.) befaßt sich dann — in vorwiegend dynamischer Betrachtungsweise — mit der Leistungskraft der deutschen Volkswirtschaft einerseits und der Aufnahmefähigkeit der Weltwirtschaft andererseits. Die systematische Analyse der deutschen Wirtschaftsverhältnisse und Wirtschaftsaussichten in Verbindung mit der Erörterung der volkswirtschaftlichen Hemmnisse ergibt dann die Antwort auf die Frage, warum auf die Dauer die volkswirtschaftliche Erfüllung der Reparationsverpflichtungen in der gegebenen Höhe des Londoner Zahlungsplans scheitern muß (soweit sie nicht offensichtlich schon gescheitert ist) und warum also auch jeder Versuch der staatsfinanzwirtschaftlichen Erfüllung ein Ding der Unmöglichkeit ist.

Zweiter Teil.

Die volkswirtschaftliche Erfüllbarkeit der Reparationsverpflichtungen.

1. Abschnitt. Allgemeine und besondere Erörterung der Fonds für das Aufbringen der Leistung.

§ 11. a) Die Aufbringung aus dem Volksvermögen.

Die nur zu oft vernachlässigte Kardinalfrage des Leistungsproblems lautet: Aus welchen Fonds kann überhaupt eine unentgeltliche Leistung an ein anderes Volk nur aufgebracht werden? Es ist erstaunlich, mit welcher Naivität man in Parlament und Presse diese Frage übersehen hat zugunsten sekundärer Fragen, ob etwa Sachleistungen den Devisenleistungen vorzuziehen sind oder wie das Steuersystem auszubauen ist. Der Erörterung dieser Fragen ist der Boden entzogen, solange die zu übertragenden Einnahmen oder Güter überhaupt nicht oder nur mit anderen vitalen Funktionen belastet vorhanden sind.

Welche Fonds kommen allgemein in Betracht?

Was von jedem Privatmann gilt, nämlich daß er seine Schulden nur aus seinem Vermögen oder aus seinem jährlichen Einkommen bezahlen kann, gilt auch von dem Staate und von der Volkswirtschaft. Diese hat zur Begleichung einer unentgeltlichen Leistung, wie sie die Reparationsverpflichtung darstellt, keine andere Quelle als das Volksvermögen oder das jährliche Volkseinkommen zur Verfügung. Diese Alternative ist erschöpfend, von Kombinierungen abgesehen. Tertium non datur. Hier ist zunächst der erste Weg zu erörtern: die Leistung aus dem Volksvermögen.

I. Allgemeine Erörterung.

Der Gesamtbetrag der wirtschaftlichen Güter, die einer Volkswirtschaft zu einem bestimmten Zeitpunkt zur Verfügung stehen (Volksvermögen [1])), wird herkömmlich zerlegt in den Gütervorrat zu Genußzwecken und den Gütervorrat, der zur Vermehrung des Volkseinkommens dient. Was nur zur Vermehrung des Einzeleinkommens dient, schaltet bei dieser volkswirtschaftlichen Betrachtungsweise begrifflich aus. Beide Bestandteile des Volksvermögens — konsumtionelle Substanz und produktionelle Substanz, wie ich sie aus Zweckmäßigkeitsgründen nennen will — können

[1]) Vgl. Jastrow: Deutschlands Volksvermögen im Kriege, 2. Aufl., 1919, S. 20. Die dortselbst (S. 20—26) abgehandelten Schwierigkeiten der begrifflichen Abgrenzung können hier außer Acht gelassen werden.

an sich zur Leistung herangezogen werden, unterscheiden sich aber erheblich nach den Wirkungen solcher Heranziehung. Es ist denkbar, daß eine Volkswirtschaft ihren ganzen Vorrat an (schon beim letzten Besitzer befindlichen, d. h. nicht mehr zur erwerbsmäßigen Veräußerung bestimmten) Konsumtivgütern wie Teppichen, Edelsteinen, Möbeln, Privatautomobilen, Parks usw. abgibt, um damit eine Schuld zu tilgen. Die Volkswirtschaft wird dadurch ärmer, aber die Produktionsgrundlage bleibt intakt. Eine Schmälerung des Volkseinkommens in der nächsten Periode tritt nicht ein. Anders bei der Abgabe produktioneller Substanz. Wenn z. B. eine Volkswirtschaft ihre Handelsflotte oder ihre produktiven Auslandsanlagen abgibt oder die Staatsforsten versilbert, so bedeutet dies, abgesehen von dem Güterverlust ans Ausland, zugleich eine Beeinträchtigung der Produktionsgrundlage. Das volkswirtschaftliche Einkommen in der nächsten Periode vermindert sich.

Aus dieser Überlegung folgt, daß die produktionelle Substanz bei großen Tributverpflichtungen, wenn überhaupt, nur soweit zur Leistung in Betracht kommen darf, als sie der Tilgung der Schuldsubstanz, nicht nur ihrer Verzinsung dient. Für die konsumtionelle Substanz besteht diese Beschränkung nicht. Damit ergeben sich für die besondere Untersuchung — Leistungsfähigkeit des deutschen Volksvermögens in bezug auf die gegebenen Reparationsverpflichtungen — nach Ausschaltung der Zinsleistung aus der produktionellen Substanz noch drei Fälle:

1. Tilgung der Schuldsumme aus der produktionellen Substanz,
2. Tilgung der Schuldsumme aus der konsumtionellen Substanz,
3. Leistung der Zinszahlungen aus der konsumtionellen Substanz.

II. Besondere Erörterung.

Der Schuldforderung von 132 Md. GM. bezw. den Annuitätenverpflichtungen von — sagen wir zunächst — 3,5 Md. GM. steht ein Volksvermögen gegenüber, das im Frieden auf 330 bis 397 Md. GM. geschätzt wurde [1]), sich inzwischen aber (seit 1914) in beträchtlichem Umfange vermindert hat. Der Verminderung oder Entwertung aus Anlaß des Krieges [2]) folgte statt der nötigen Ruhepause zur Herstellung des früheren Substanzwertes die Aus-

[1]) Jastrow: Deutschlands Volksvermögen im Kriege, 2. Aufl. 1919, gibt S. 5 eine Tabelle der Schätzungen.

[2]) Jastrow: a. a. O. S. 6 ff.: betont als Hauptmomente: Aufbrauchung der Vorräte, namentlich an Produktionsmitteln, Abnutzung, Ausmergelung des landwirtschaftlichen Bodens, Entwertungen durch Kriegsumstellungen, Stillegungen.

lieferung großer Teile des Volksvermögens [1]) auf Grund des Waffenstillstands- und Versailler Diktats (territoriale Verluste und laufende Lieferungen). Damit nicht genug: In absolut notwendiger Auswirkung der öffentlichen und privaten Verschuldung Deutschlands folgte Hand in Hand mit der amtlichen Preisgabe der Volksvermögensteile der private Ausverkauf Deutschlands, der sicher soweit einen Volksvermögensverlust bedeutet, als — infolge der potentiellen Valutaschwäche, s. § 16 — ein Unterpreis überhaupt oder ein Preis in immer weiter sinkender deutscher Valuta gezahlt worden ist.

Die Gesamtverminderung des Volksvermögens bis 1922-23 festzustellen, fehlt es an den nötigen Unterlagen, und die Schätzungen klaffen sehr auseinander. Zum Beispiel stellt Kuczynski einer Schätzung Rathenaus, die für 1921 einen Wert von 250 Md. GM. annimmt, eine eigene Schätzung von nur 25 Md. GM. gegenüber [2]). In einer Broschüre des Zentralverlags [3]) wird das deutsche Volksvermögen mit 200 Md. GM. angenommen, Helfferich [4]) kommt zu einem ähnlichen Ergebnis. Freundt [5]) berechnet es aus der Güterverkehrsstatistik auf 188 Md. GM. Die genauen Zahlen sind irrelevant, die Schätzungen mögen nur das Bedürfnis nach zahlenmäßiger Orientierung (sozusagen welche Potenz von 10?) [6]) befriedigen. Jedenfalls ist eine sehr starke Verminderung des Volksvermögens empirische Tatsache, mag jene nun 100 oder 150 Milliarden betragen, und aus dem verminderten Volksvermögen 132 Milliarden Goldmark zu leisten, werden selbst die Kreise nicht für möglich halten, die auf der Gläubigerseite ernsthaft über die Frage diskutieren: es komme nicht darauf an, zu wissen, was Deutschland zahlen kann, es genüge vollauf, zu wissen, was es zahlen muß [7]).

Wenn aber das Ganze nicht genügt, kann auch kein Teil genügen. Ganz gleich also, wie sich die Anteile an produktioneller und konsumtioneller Substanz zahlenmäßig verhalten, für die Tilgung der Schuldverpflichtung reicht keine aus. Deshalb hat man ja auch die Kapitalschuld-Leistungsfrage rein formal

---

[1]) Bis zum 1. April 1921 (ohne Oberschlesien) Gesamtwert nach Dr. Behnsen und Dr. Genzmer: 80 Md. GM. (Die Folgen der Markentwertung für uns und die anderen, Leipzig 1921, S. 15—23).

[2]) Sie sei, trotz der sehr anfechtbaren Berechnungsmethode Kuczynskis, als Minimum — Extrem angeführt. (Jahrbuch der Finanzpolitischen Korrespondenz, 1. Heft 1921, S. 5—6).

[3]) „Die deutsche Reparationsschuld“ S. 13 (Juni 1921).

[4]) „Die Politik der Erfüllung“, 1922, S. 16—18.

[5]) DAZ Nr. 476 vom 11. Okt.: Art: Der Goldwert der deutschen Volkswirtschaft.

[6]) Vgl. Jastrow: Deutschlands Volksvermögen im Kriege, 2 Aufl. 1919, S. 26—27.

[7]) Nitti: Das friedlose Europa, S. 226 (1921).

dadurch erledigt, daß einfach Schuldverschreibungen in Zahlung genommen wurden. Mit der Versinsung dieser Schuldverschreibungen hat Deutschland nur indirekt insofern etwas zu tun, als die Annuitäten, die es in Ausführung anderer Bestimmungen an die Reparationskommission zu leisten hat, durch Vermittlung dieser Kommission für die Verzinsung und schließlich auch Amortisation verwandt werden sollen (s. oben § 4, III).

Für diese Verzinsung (Annuitäten) kommt aus dem Volksvermögen, falls keine Minderung der Produktionsgrundlage eintreten soll, nur die konsumtionelle Substanz in Frage. Für wieviel Milliarden Goldmark diese ausreicht, ist nicht zu berechnen. Zu bedenken ist aber, daß die konsumtionelle Luxussubstanz (Parks, Privatautomobile, Gemälde, Schmuck usw.) zwar volkswirtschaftlich entbehrlicher ist [1]) als die sonstige lebensnotwendige konsumtionelle Substanz (Wohnhäuser, Gebrauchswäsche, Möbel usw.), sich aber meist in politisch stärkeren Händen befindet als letztere. Der Produzent (Unternehmer) kann die Ansprüche für seine Person abwehren, indem er die Preise der Geldentwertung anpaßt, dem Handarbeiter hilft die monopolistische Macht seiner Organisation. Die Mittelschicht der geistigen und freien Arbeiter, der Rentner, des Kleingewerbes steht den Ansprüchen machtlos gegenüber. (B. die Verarmungsverkäufe des Mittelstandes einschließlich der Verschleuderung des Hausbesitzes). Hier endet der Überwälzungsvorgang, den die Gesamtlast der Reparationssteuern einschließlich der Reparationszahlungen durch geldentwertenden Markverkauf auslöst.

III. Ergebnis.

Es findet also die Leistung aus dem Volksvermögen ihre schnelle Grenze in der Notwendigkeit einer ungeschmälerten Produktionsbasis einerseits und (in bezug auf die konsumtionelle Substanz) der kulturellen Gefahr eines verarmten Mittelstandes andererseits. Die Londoner Forderung und das deutsche Volksvermögen stehen in keinem Verhältnis zueinander. Den Vergleich zwischen beiden durchzuführen, wie es hier geschehen ist, war aber nicht nur aus systematischen Gründen, sondern auch deshalb von Bedeutung, weil von der wirklichen Entwicklung trotz oder vielmehr gerade wegen des Mißverhältnisses zwischen Schuld und Vermögen dauernde Verluste am Volksvermögen erzwungen werden, ohne Rücksicht auf Produktionsbasis und Kultur (s. § 12).

---

[1]) Winnig sagt mit Recht: „Besitzer von Schlössern, von Rennställen, von Kunstwerken und Schmucksachen, meinetwegen auch der Besitzer von Likördielen und Kinos sind volkswirtschaftlich ungeheuer gleichgültig, und sie können bis zum Weißbluten geschröpft werden (DAZ Nr. 338, 22. 7. 21 Leitart.).

§ 12. b) Die Aufbringung aus dem Produktionsüberschuß.

Der zweite Fonds, aus dem die Aufbringung einer unentgeltlichen Leistung von Seiten einer Volkswirtschaft erfolgen kann, ist das jährliche Volkseinkommen, und zwar von ihm nur der Teil, der die jährlichen Konsumtionskosten übersteigt.

I. Allgemeine Erörterung.

Nehmen wir an, irgendein reiches Volk habe ein Einkommen aus der Verwertung der Produktion im weitesten Sinne [1]), das die Kosten der jährlichen Konsumtion im weitesten Sinne um irgendeinen Betrag übersteigt, so bedeutet dieser jährliche „Produktionsüberschuß" einen Zuwachs des Volksvermögens, auf dem prinzipiell keine anderen Lasten ruhen als die Bedürfnisse einer sich gleichzeitig vermehrenden Bevölkerung. Hiervon abgesehen, kann der Vermögenszuwachs unentgeltlich abgegeben werden, ohne die eigene Volkswirtschaft in ihren elementaren Bedürfnissen zu schädigen. (Dabei muß allerdings die psychologische Wirkung, die die Aufstellung eines solchen Ziels haben würde, hier ausgeschaltet werden.) Wie sich dieser Vermögenszuwachs bei seiner Entstehung in konsumtionelle und produktionelle Substanz teilt, ist nicht von Bedeutung. Denn beide Kategorien gleichen sich insofern, als die Abgabe an eine fremde Volkswirtschaft zwar einen Verzicht auf Vergrößerung der Produktionsbasis oder den zusätzlichen, d. i. vorwiegend Luxuskonsum bedeutet, aber nicht das gegebene Fundament beeinträchtigt.

Der Produktionsüberschuß, der durch gewisse Maßnahmen steigerungsfähig ist, bildet die Grenze für die volkswirtschaftliche Leistungsfähigkeit zu unentgeltlichen Leistungen, eine Ableitung aus anderen Kategorien ist theoretisch unhaltbar. Es gehört zu den auffallendsten Unbegreiflichkeiten, wenn einer Beurteilung der Leistungsfähigkeit ein anderer Maßstab zugrunde gelegt wird, etwa die sichtbare Ausfuhr, wie es im Londoner Zahlungsplan geschehen ist, oder eine Steuerlastvergleichung oder ähnliches. Einer Widerlegung bedarf es theoretisch kaum, höchstens aus praktisch-politischen Gründen, um den Diktatpolitikern auf der Entente-Seite, die man ja bedauerlicherweise als nationalökonomische Laien ansehen muß, die Widersinnigkeit ihrer Überlegung zu verdeutlichen [2]). Die Ausfuhr bildet nur ein Element der gesamten jährlichen Produktionsbilanz, kann also logisch kein Maßstab für das Gesamtergebnis eines Wirtschaftsjahres sein.

---

[1]) Genaue begriffliche Klarstellung erfolgt in § 14 dieser Arbeit.

[2]) Vgl. Gutmann: Grundsätzliches zum Reparationsplan, 1921, S. 12 und Solmssen: Finanzielle Wirkungen des Londoner Ultimatums, Veröffentlichungen des Reichsverbandes der dtsch. Industrie, Aug. 1921, Heft 16, S. 25, sowie unten § 14—15 dieser Arbeit.

II. Besondere Erörterung.

Wenn die Väter des Londoner Zahlungsplanes für die Annuitäten einen Betrag vorgeschrieben hätten, der dem jeweiligen jährlichen Produktionsüberschuß entspräche, so würde die Erfüllung dieser Forderung wirtschaftlich denkbar sein, unter der Bedingung allerdings, daß etwaige Produktionsunterschüsse (Wirkung: Verminderung des Volksvermögens) von den Produktionsüberschüssen der folgenden Periode im voraus abzuziehen seien. Statt dessen ist verlangt worden eine feste Jahresleistung von 2 Md. GM. und 26 % des Wertes der jährlichen (sichtbaren) Ausfuhr, also etwa 3,3 Md. GM., wenn man die sichtbare Ausfuhr mit 5 Md. GM. jährlich ansetzt [1]). Weist die derzeitige Jahresbilanz der deutschen Volkswirtschaft einen dementsprechenden Produktionsüberschuß auf?

Das gesamte Volkseinkommen (= Wert der Produktion im weitesten Sinne) wurde für die Zeit vor dem Kriege von Schmoller auf 25 Md., Ballod auf 35 Md. [2]) und Helfferich [3]) auf 40—43 Md. GM. geschätzt. Die Theoretiker, die die inzwischen eingetretene Minderung festzustellen versuchten, gehen zumeist von 40 Md. GM. aus, so Arndt, Freundt, Kuczynski, J. Wolf, jedoch weichen ihre Schätzungen oder Berechnungsergebnisse stark voneinander ab. Kuczynski [4]) berechnet das Volkseinkommen für 1921 auf 9 Md., Wolf [5]) auf 20 Md., Freundt [6]) und Arndt [7]) auf 24 Md., ferner Schlitter [8]) auf 13—15 Md., Pawlowski [9]) auf 15 Md. GM. Hilferding steht mit seiner Ansicht, daß wir dasselbe reale Produkt wie im Frieden produzieren oder wenigstens nahe daran seien [10]), allein. Von einigen Seiten ist auch eine Berechnung in Papiermark versucht worden [11]), die Ergebnisse sind aber, ganz abgesehen von einer Kritik der Methode, bei den ununterbrochenen Wertschwankungen der Mark wissenschaftlich nicht zu

---

[1]) Nach den Berechnungen des Statistischen Reichsamts betrugen für 1922 die Annäherungswerte in Goldmark für die Ausfuhr sogar bloß im ganzen etwa 4 Md. GM. (gegen einen Einfuhrwert von 6,2 Md. GM): „Wirtschaft und Statistik“ Heft 3—4, 1923, S. 86.

[2]) Pawlowski: Der Bankrott Deutschlands 1921, S. 73.

[3]) Helfferich: Die Politik der Erfüllung 1922, S. 19.

[4]) Jahrbuch der finanzpolitischen Korrespondenz 1921, 1. Heft S. 21.

[5]) Verh. S. K. I., S. 30.

[6]) DAZ Nr. 476 vom 11. Okt. 21 Art: „Der Goldwert der deutschen Volkswirtschaft. Eine Produktionsbilanz“ (für 1919).

[7]) Arndt: Deutschlands wirtschaftliche Not und der Friede von Versailles“, Berlin 1920, S. 11.

[8]) Verh. S. K. I., S. 151.

[9]) Pawlowski: a. a. O. S. 73.

[10]) Verh. S. K. II, S. 229. Er meint, daß der Ausfall an Rohstoffgebieten durch den Vertrag von Versailles durch den Bevölkerungsverlust wettgemacht würde!

[11]) Vgl. Keynes I, S 87—92, auch Helfferich „Die Politik der Erfüllung“ 1922, S. 19.

verwenden. Philipp Stein sagt mit Recht, Papiermarkeinkommen sei als Berechnungsmaßstab für den Wirtschaftsertrag abzulehnen[1]).

Auch ohne den falschen Schluß zu ziehen, daß etwa der Durchschnitt der gegebenen Schätzungen der Wirklichkeit entspräche oder nahe käme, läßt sich doch aus ihnen wenigstens folgern, daß das Volkseinkommen eine hochprozentige Schmälerung erfahren hat. Dies ist ja auch nur eine logische Folge der Verminderung und Abnutzung des volkswirtschaftlichen Produktivvermögens, die oben (§ 11) als Tatsache festgestellt wurde. Allein infolge der Gebietsabtretungen an Frankreich, Belgien, Dänemark, Danzig, Litauen, Polen (einschließlich Oberschlesien) ergibt sich ceteris paribus ein jährlicher Förderungsausfall von 68,3 % für Zinkerze, 74,5 % für Eisenerze, 25,9 % für Steinkohle, 26,2 % für Bleierze, 4 % für Kali und ein Ernteausfall von 17,2 % für Kartoffeln, 17,7 % für Roggen, 16,4 % für Sommergerste, 14,8 % für Weizen, 11,2 % Hafer[2]). Die Wucht dieser Zahlen spürt jeder am eigenen Leibe. Bleibt uns das Ruhrgebiet entzogen, so hat Deutschland nur noch 5,4 % seines Steinkohlenvorrats zur Verfügung.

Dem volkswirtschaftlichen Einkommen aus der Produktion steht der Wert der gesamten Konsumtion im weitesten Sinne gegenüber. Helfferich schätzte ihn auf 33 Md. GM. für die Zeit vor dem Kriege[3]), es ergab sich also ein jährlicher Überschuß von 10 Md. GM., der einen Zuwachs teils für die konsumtionelle Substanz, teils für die produktionelle Substanz bildete, sei es im Inland, sei es für Rechnung des Inlands im Ausland. Daß die Konsumtion eine Verringerung erfahren hat, ist nicht zu bestreiten: einmal durch den Ausfall der vom Reich abgetrennten Bevölkerung[4]) und der in den abgetrennten Gebieten befindlichen privaten und öffentlichen Produktionsmittel (Verminderung der technischen Konsumtion). Dies kann man als die natürliche Verbrauchsverminderung bezeichnen. Zu ihr tritt aber zweitens eine gewaltsame Verbrauchsverminderung hinzu. Diese hat sich darin geändert, daß der Lebensstandard des Volkes herabgedrückt wurde, so daß z. B. der Fleischverbrauch von 52 kg pro Kopf auf 20 kg sank[5]). Im ganzen ist aber die Konsumtion nicht so herabgedrückt worden, daß der Wert des Volkseinkommens sie über-

[1]) Stein: Die Finanz- und Wirtschaftsbilanz des deutschen Volkes 1922, S. 16.

[2]) Denkschrift „Wirtschaftslage" S. 5, 15, 18.

[3]) Nach Nitti: Das friedlose Europa, S. 222. — Die Differenz von 10 Md. GM. jährlich wird wohl in den Ententeköpfen als noch vorhandener oder bald zu erzielender greifbarer Vermögenszuwachs herumgespukt haben.

[4]) Im ganzen 10,77% einschl. Oberschlesien, nach Dr. W. Schmidt: „Was Deutschland verliert", DAZ Nr. 512, vom 5. Nov. 1921.

[5]) Vgl. die deutsche Denkschrift über die „wirtschaftlichen Wirkungen der Pariser Beschlüsse", 1921, Reichstagsdrucksache Nr. 1640, 1920/21, S. 33.

steigt. Ein zahlenmäßiger Beweis hierfür läßt sich zwar nicht anführen, da die dazu notwendige Produktions- und Verbrauchsstatistik in Deutschland nicht vorhanden ist und der Ruf nach einer öffentlichen Untersuchung über die deutsche Produktion zwecks Klarstellung der Gesamtwirtschaftslage noch immer ungehört verhallt ist. Sicher ist jedoch, daß man bei jeder empirischen Beobachtung der Wirtschaftsentwicklung (einschließlich der Valutaentwicklung) zu dem gleichen Ergebnis kommen muß. Wir verzehren nicht nur unser Einkommen, sondern Jahr für Jahr noch einen Teil des Volksvermögens. „Statt Kapital zu bilden", führte Prof. E. Schultze auf der Leipziger Handelshochschulwoche Anfang Oktober 1923 mit vollem Recht aus [1]), „verwandeln wir das Vorhandene in Geld zurück und geben es aus, weil unsere Gesamterzeugung nicht entfernt unseren Gesamtverbrauch deckt". Dr. Raab hat versucht, das Defizit der deutschen Wirtschaftsbilanz nach dem Kriege ziffernmäßig festzustellen [2]). Er errechnet für 1921 einen Rückgang der Produktion um etwa 40 % auf 60 % des Friedenswertes, findet dieses Ergebnis bestätigt durch den gleichen Rückgang der Tonnenkilometerleistung der deutschen Eisenbahn und stellt für 1921 einen Mindestfehlbetrag der Wirtschaftsbilanz von 11 Milliarden fest. Da er jedoch den Verbrauchsrückgang gegenüber 1913 nicht in Rechnung stellt, ist dieser Defizitbetrag zweifellos zu hoch gegriffen. Rathenau legte in Cannes dar [3]), daß wir ein Defizit, also einen Produktionsunterschuß von 1—2 Md. GM. *jährlich* hätten. Stinnes bezifferte es auf 200 Md. GM. *monatlich* [4]). Dies Defizit wird noch verstärkt durch die jährlichen Nebenleistungen, zu denen Deutschland gezwungen ist: die Clearing- und Besatzungskosten, die Helfferich auf 2 Md. GM. jährlich berechnet hat [5]). Das wirkliche Defizit bewegt sich meines Erachtens zwischen der Berechnung Raabs als Obergrenze und der Schätzung Stinnes' als Mindestbetrag. Wenn man, um dem Vorwurf absichtlicher Schwarzfärberei zu entgehen, auch nur die Stinnessche Schätzung zugrunde legt, so steht einer Forderung, die einen jährlichen lastenfreien Produktionsüberschuß von mindestens 3,3 Md. GM. voraussetzt, ein Produktionsunterschuß von 3—4 Md. GM. gegenüber, dessen Deckung natürlich nur aus dem Volksvermögen erfolgen kann.

---

[1]) Vgl. Bericht über die Leipziger Handels-Hochschulwoche von Dr. Grautoff in der DAZ vom 10. Okt. 1923 Nr. 470.

[2]) Raab: Deutschlands Wirtschaftsbilanz vor und nach dem Kriege, Berlin 1923, insbes. S. 19—20.

[3]) Wortlaut der Rede: DAZ Nr. 27 vom 17. Jan. 1922.

[4]) Rede vor dem wirtschafts- und finanzpolitischen Ausschuß des R W R am 9. Nov. 1922 (DAZ Nr. 491/492, 12. Nov. 1922). — Auch Kuczynski gibt zu: Früher verbrauchten die Leute 5/6 ihres Einkommens, heute mindestens 7/6 (Verh. S. K II, S. 173).

[5]) Helfferich: Politik der Erfüllung, März 1922, S. 19, 20.

III. Ergebnis.

Der zweite theoretisch in Frage kommende Fonds ist nicht vorhanden. Vielmehr hat die Verminderung der Produktion gegenüber dem Friedenszustand ein Defizit hervorgerufen, dessen jeweilige Deckung einen verschärften Volksvermögensverlust bedeutet. Wo diese Deckungsmöglichkeit aufhört und die Notwehr der Betroffenen einsetzt, läßt sich schwer feststellen. Das Vorhandensein einer solchen Grenze ist nicht zu leugnen.

Der einzige Ausweg ist die Beseitigung des jährlichen Produktionsdefizits und die künftige Erzielung eines Produktionsüberschusses. Gelingt dies nicht in dem Maße, wie es der Londoner Zahlungsplan voraussetzt, dann muß jeder Versuch der volkswirtschaftlichen Erfüllung der Reparationsverpflichtungen und damit auch der staatsfinanzwirtschaftlichen Erfüllung unweigerlich scheitern.

§ 13. c—d): Zwei logische Ergänzungen; e) Zusammenfassung und weitere Fragestellung.

c) (1. logische Ergänzung): Die parallele, d. h. gleichzeitige Aufbringung aus dem Volksvermögen und dem Produktionsüberschuß.

Die erste logische Ergänzung zu der Alternative: Leistung aus dem Volksvermögen — Leistung aus dem Produktionsüberschuß ist mit wenigen Worten zu erledigen. Es handelt sich um die parallele, d. h. gleichzeitige Aufbringung aus beiden Kategorien. Wenn z. B. eine reiche Volkswirtschaft einen großen, jährlich wachsenden lastenfreien Produktionsüberschuß, d. h. Vermögenszuwachs hat, so kann neben dem Verzicht hierauf auch eine parallele Abgabe aus dem Volksvermögen erfolgen, und zwar sicherlich aus der konsumtionellen Substanz, ferner aber auch aus der produktionellen Substanz (B.: Auslandsanlagen), soweit der Vermehrungskoeffizient des Produktionsüberschusses dadurch zwar abnimmt, aber nicht in einen Verminderungskoeffizienten verwandelt wird.

Der Status der deutschen Volkswirtschaft, in Beziehung gesetzt zu den Annuitätenziffern des Londoner Zahlungsplans, schließt diese Kombinierungsmöglichkeit ohne weiteres aus. Selbst wenn ein Produktionsüberschuß vorhanden wäre, dann hätte dieser weit eher die Aufgabe, das verminderte Volksvermögen zu ergänzen, als daß die Substanz des Volksvermögens für eine Ergänzung des Produktionsüberschusses zur Vergrößerung des Leistungsfonds in Betracht käme.

d) (2. logische Ergänzung): Die Leistung aus Krediten.

Als einer zweiten logischen Ergänzung bedarf es der Erörterung der Leistung aus Krediten. Es ist im Hinblick auf das Defizit im Staatshaushalt [1]) viel davon die Rede gewesen, durch Kreditgewährung dem Reiche die Möglichkeit zu geben, Reparationsraten aufzubringen, den Etat zu balancieren und auf diese Weise eine Markstabilisierung anzubahnen.

I. Allgemeine Erörterung.

Die Zweiteilung des Leistungsproblems in die staatsfinanzwirtschaftliche und die volkswirtschaftliche Seite ist auch auf das Kreditproblem anwendbar. Das staatsfinanzwirtschaftliche Kreditproblem hat zwei Fragen zum Gegenstand:

1. die Beschaffung des Kredits,
2. die Verwendung und — damit zusammenhängend — der Nutzen des Kredits.

Die beiden gleichen Fragen enthält auch das volkswirtschaftliche Kreditproblem.

1. Beschaffen kann sich
   A. der Staat den Kredit:
      α) von der eigenen Volkswirtschaft (B.: inländische freiwillige und Zwangsanleihen),
      β) von fremden Staaten (B.: deutsch-holländisches Kreditabkommen vom Jahre 1921),
      γ) von fremden Volkswirtschaften (B.: Emission inländischer Anleihen an ausländischen Börsen).
   B. die Volkswirtschaft den Kredit:
      α) vom eigenen Staat (B.: Plan der Reichswirtschaftsbank von 1920) [2]),
      β) von fremden Staaten (B.: private Kreditabkommen zwischen Einzelfirmen oder Syndikaten und ausländischen Regierungen),
      γ) von fremden Volkswirtschaften (B.: private Kreditabkommen zwischen deutschen und ausländischen Einzelfirmen und Syndikaten).

Wenn man als das primär Gegebene die Kreditbedürfnisse des Staates annimmt, so ist Fall B α) auszuschalten, da die Volkswirtschaft nicht von einem an Kreditnot leidenden Staate Kredite verlangen kann, und es ergibt sich — bei Verzicht auf die Trennung der fremden Staaten von den fremden Volkswirtschaften — folgendes Schema der Kreditbeschaffungswege für den Staat:

---

[1]) Zahlen in Goldmark zu geben, ist nicht möglich, und Zahlen in Papiermark zu geben, bei dem variablen Wert der Mark zwecklos. Es mag nur erwähnt werden, daß an die Stelle des Milliarden- und Hundertmilliarden-Defizits für 1922/23 bereits ein Billionen-Defizit in Papiermark für 1923/24 getreten ist.

[2]) Mischform zwischen B α) und B β): Staatliche Bereitstellung von Sicherheiten für die im übrigen privaten Auslandskredite zur Beschaffung von Rohstoffen (B: ter Meulen-Kreditplan).

(1) Ausländ. Hilfe; (2) Hilfe der inländ. Volkswirtschaft

(a) aus eigenen Mitteln, (b) aus fremden Mitteln (die, z. B., die Volkswirtschaft nach Garantieübernahme weiterleitet).

2. Die Verwendung der auf dem Kreditwege erhaltenen Mittel kann nach der herkömmlichen Scheidung eine produktive oder eine konsumtive sein, für beide Arten sind Nutzen und Wirkung ganz verschieden. Die Verwendung zu produktiven Anlagen, die sich durch ihren Ertrag selbst verzinsen und amortisieren, hat die gleiche Wirkung für die ausländischen und inländischen Geldgeber. Auch diese erhalten außer der regelmäßigen Verzinsung den Anleihebetrag ohne besondere Belastung mit der Zeit zurück. Werden jedoch die Anleiheerträgnisse zu konsumtiven Zwecken verwandt, etwa zu Reparationsleistungen, nämlich den Annuitäten, dann ergeben sich durchaus verschiedene Wirkungen für die ausländischen oder inländischen Geldgeber. Während jener nach wie vor Verzinsung und Amortisationsquote erhält (seine Sicherungsmaßnahmen bürgen ihm dafür), erhält der inländische Geldgeber (die Volkswirtschaft) beides nur scheinbar. Denn die Verzinsung und Tilgung solcher konsumtiv verwendeten Anleihen von Staats wegen bedeutet nur eine neue Belastung der Volkswirtschaft, die für den zukünftigen Mehrbedarf an Steuern aufkommen muß. Der Endeffekt kann kein Nutzen für die Volkswirtschaft sein, und der vorläufige Vorteil für den Staatshaushalt ist kein Äquivalent für die Opfer der Volkswirtschaft, die auf die Dauer entweder ihren eigenen Zinsanspruch (bei Hilfe aus eigenen Mitteln) oder — noch drückender — den Zinsanspruch des Auslands (bei Hilfe aus fremden Mitteln) bezahlen muß.

Jede konsumtive Verwendung des Kredits (mag diese direkt durch den Staat geschehen oder durch die Volkswirtschaft, die eigene — inländische — oder fremde — ausländische — Mittel auf dem Kreditwege an den Staat zu Schuldtilgungszwecken weiterleitet) kann also auf die Dauer nur die Wirkung einer neuen Belastung des Volkseinkommens (Produktionsertrages) bezw. Volksvermögens haben. Es erhellt daraus, daß die Kreditaufnahme mit Nutzen nur möglich ist als Antizipierung künftig sicherlich zu erwartender steigender Produktionserträge (Produktionsüberschüsse [1])).

Die Kreditleistung ist also neben der Leistung aus dem Volksvermögen und der Leistung aus dem Produktionsüberschuß nicht

---

[1]) Vgl. auch das Zusatzvotum II (Baltrusch) zu dem Gutachten der Sozialisierungskommission über die Stabilisierung des Geldwerts: Verh. S. K. III S. 408.

etwa eine dritte Möglichkeit der Leistung. Sie ist nichts anderes als die Ausstellung eines Wechsels auf den künftigen Produktionsüberschuß. Kann dieser dann tatsächlich aus dem Produktionsüberschuß künftiger Wirtschaftsperioden eingelöst werden, geht immerhin der Schaden nicht über den Zinsverlust hinaus. Ist aber kein Produktionsüberschuß erzielbar oder bleibt es gar bei einem Produktions**unterschuß**, dann sind die Schwierigkeiten nur hinausgeschoben. Die Einlösung des Wechsels birgt die gleichen Gefahren in sich, die die Leistung aus der konsumtionellen oder produktionellen Substanz des Volksvermögens mit sich bringt (vgl. oben § 11).

II. Besondere Folgerungen.

Die Anwendung der Ergebnisse dieser Deduktion auf den gegenwärtigen Zustand der deutschen Volkswirtschaft einschließlich ihrer Belastung durch die Jahresleistungen nach dem Londoner Zahlungsplan ist folgende:

Die deutsche Volkswirtschaft weist gegenwärtig (vgl. oben § 12) nicht nur keinen Produktionsüberschuß, sondern einen Produktionsunterschuß auf. Solange dieser Zustand anhält, dessen Wirkung eine alljährliche Verminderung des Volksvermögens ist, ist ein Kredit, gleichgültig, ob von ausländischer oder inländischer Seite gegeben, der zu Reparationszahlungen, also konsumtiven Zwecken, verwendet wird, nichts weiter als eine zusätzliche Anweisung auf das Volksvermögen. Wenn solche Operation überhaupt einen Nutzen aufweist, so ist es nur ein vorübergehender. Das Gesamtübel wird künftig nur verschlimmert.

An der Beurteilung des Bedingungssatzes: „Solange dieser Zustand anhält .....“ scheiden sich also die Geister. (A.:) Wer mit einem künftigen Produktionsüberschuß der deutschen Volkswirtschaft rechnen zu können glaubt, wird die Gewährung von Krediten fordern und unterstützen; auch wenn es sich um Konsumtivkredite handelt. Wieweit er eine Revision der Reparationsdiktate zur Voraussetzung macht, hängt davon ab, wie hoch er den künftigen Produktionsüberschuß einschätzt. (B.:) Wer dagegen die Entwicklungsmöglichkeit der Elemente der deutschen Volkswirtschaft ungünstig einschätzt und die Schwierigkeiten des volkswirtschaftlichen Empfangsproblems in Rechnung stellt, der wird, solange er diese Reparationsleistung, so auch die Aufnahme von Krediten zu gleichem Zweck als Ursache doppelter Gefahr ablehnen, einer Gefahr, nämlich einmal für die deutsche Wirtschaft und zum zweiten für die europäische Wirtschaft, die schon an dem bestehenden außerökonomischen Forderungsnetz schwer genug zu tragen hat.

Die Stellungnahme für und wider das „Kreditangebot der

deutschen Industrie [1]) ist ein praktisch gewordenes Beispiel für die verschiedenen, in sich berechtigten Urteile auf Grund verschiedener Einschätzung der deutschen Wirtschaftskraft.

Wer den Standpunkt unter „A" teilt, hat sicher zu den Verfechtern des Kreditangebots gehört und ebenso ausländische Kredite in jedem Umfange für wünschenswert gehalten. Alle Valutaspekulanten, die die mögliche Gewährung von großen ausländischen Krediten mit Markkäufen und Fremdvalutaverkäufen quittieren zu müssen glaubten, gehören unter diese Rubrik; sie überschätzen die Wirkung konsumtiver Kredite, weil sie die volkswirtschaftliche Grundlage und ihre Entwicklungshemmnisse nicht richtig beurteilen.

Wer dagegen den Standpunkt unter „B". teilt, ist sicher mit dem Scheitern des Kreditangebots der deutschen Industrie einverstanden gewesen, und er hat die Schwierigkeiten, denen der deutsche Staat bei den Versuchen, große Anleihen im Ausland unterzubringen, begegnet ist [2]), und die Ergebnislosigkeit der angebahnten Verhandlungen begrüßt. Einem Reich, dem sozusagen amtlich beglaubigt ist, daß es „jeden inneren wie äußeren Kredit" verloren hat [3]), kann nicht mit Krediten geholfen werden, die zur Leistung gerade derjenigen Verpflichtungen benutzt werden sollen, auf Grund deren Existenz es die Kreditfähigkeit verloren hat, nämlich der Reparationsverpflichtungen. Weder diese noch die beiden anderen Hauptursachen der deutschen Währungszerrüttung — zu wenig Arbeitsleistung und Beschränkung der Absatzmöglichkeiten — verschwinden durch die Gewährung von Krediten, und sie sind die Klippen, an denen jede vorübergehende gute Wirkung von Krediten unweigerlich zerschellen muß. Es ist das Verdienst Stinnes', daß er diesen Gedankengang in der Öffentlichkeit immer und immer wieder betont hat und damit zu gleicher Zeit seine Stellungnahme gegen alle „Pumpgeschäfte ohne wirkliche Behebung der Fehler" theoretisch einwandfrei motiviert hat [4]).

---

[1]) Vgl. Verh. S. K. II, S. 63—114; Parvus: Der wirtschaftliche Rettungsweg 1921, S. 14 ff., Reichert: Rathenaus Reparationspolitik 1922, S. 231—245.

[2]) Vgl. die deutsche Note vom 14. Dez. 1921 (Aktenstücke zur Reparationsfrage, Reichstagsdrucksache Nr. 4140, Ziffer II 5) und den Bericht des Anleihekomitees an die Reparationskommission vom 16. Juni 1922 (Aktenstücke, Nachtrag: Reichstagsdrucksache Nr. 4484, Ziffer 7).

[3]) Vgl. den ersten Satz der Entscheidung Nr. 2119 der Reparationskommission vom Ende August 1922: DAZ Nr. 383/384 vom 2. Sept. 1922, sowie das Gutachten Brand in den „Gutachten der internationalen Finanzsachverständigen über die Stabilisierung", Reichstagsdrucksache Nr. 5198 (1920—22) S. 51.

[4]) Rede vor dem wirtschafts- und finanzpolitischen Ausschuß des Reichswirtschaftsrats am 9. Nov. 1922 (Wortlaut siehe DAZ Nr. 493/494 vom 12. Nov. 1922, Beiblatt) und vorher schon auf der nordwestdeutschen Wirtschaftstagung am 6. Juni 1922 (DAZ Nr. 259 vom 7. Juni 1922). Vgl. über denselben Gedankengang auch Geh. Rat Quaatz in der „Täglichen Rundschau" vom 16. Mai 1922, Nr. 266, Art.: „Moratorium, Reparation, Anleihe".

e) Zusammenfassung und weitere Fragestellung.

Das Gesamtergebnis dieses Abschnittes ist folgendes: Die theoretische Alternative — Leistung aus dem Volksvermögen oder Leistung aus dem Produktionsüberschuß — versagt im Hinblick auf die tatsächlich schon erfolgte Reduzierung des deutschen Volksvermögens einerseits und die Größenordnung der jährlichen Reparationsverpflichtungen Deutschlands andererseits. Es bleibt nur ein Weg der volkswirtschaftlichen Aufbringung: d. i. die Erzielung eines den jährlichen Verpflichtungen entsprechenden Produktionsüberschusses. Dies ist der Generalnenner auch für jede (durch die Wucht der Entwicklung) erzwungene weitere Vermögensleistung oder jede erwünschte oder unerwünschte Kreditleistung. Die Erzielung eines entsprechenden Produktionsüberschusses ist die fundamentale Voraussetzung für die volkswirtschaftliche Erfüllung der Reparationsverpflichtungen. Wird diese Voraussetzung nicht erfüllt, d. h. erzielt die deutsche Volkswirtschaft keinen Produktionsüberschuß in Höhe des jährlichen Reparationssolls, dann scheitert jeder Erfüllungsversuch an dem Widerspruch zwischen dem Gläubigerdiktat und den Lebens- und Wiederaufbaunotwendigkeiten des Schuldners. Zur Frage der Aktivbefähigung der deutschen Volkswirtschaft tritt dann ergänzend die Frage der Passivfähigkeit der Weltwirtschaft. Die Zerrüttung Europas (vgl. oben § 6) und die kritische Lage der Weltwirtschaft sind hierfür, wie noch darzulegen sein wird, die entscheidenden Momente. Wenn in den §§ 9—13 die Frage nach der wirtschaftlichen Erfüllung der Reparationsleistungen immer mehr verengert und zugespitzt wurde (Ausschaltung der staatsfinanzwirtschaftlichen Seite, Einmündung der Probleme, Vermögensleistung und Kreditleistung in das Problem der Produktionsüberschußerzielung), so findet jetzt wieder eine Erweiterung der Fragestellung statt, dadurch nämlich, daß bei der Analyse der deutschen Leistungsfähigkeit die Aufnahmefähigkeit des Weltmarktes die notwendige Ergänzung bildet.

2. Abschnitt: Erörterung der Möglichkeiten und Hemmnisse für die deutsche Volkswirtschaft, den benötigten Produktionsüberschuß zu erzielen.

1. Unterabschnitt: Erörterung der Elemente des Produktionsüberschusses. Die Funktion des Exports und der Einfluß der Geldentwertung.

§ 14. a) Die Elemente des Produktionsüberschusses.

Die Produktionsüberschußerzielung ist der Generalnenner für alle Wirtschaftsvorgänge und -maßnahmen, die dem Ziel der Aufbringung der jährlichen Reparationsleistungen dienen sollen. Ein

Erfolg in dieser Hinsicht bildet die fundamentale Grundlage, auf der allein eine Reparationsleistung ohne den völligen Ruin der Volkswirtschaft und damit auch den Zerfall des Reiches denkbar ist, ein **Mißerfolg** würde auch die verzweifeltste Erfüllungspolitik oder die brutalsten Beschlagnahmemethoden der Gegner auf die Dauer unfruchtbar machen, da ein zerfallenes Deutschland erst recht nicht reparationsfähig sein kann. Um über die Möglichkeiten und Hemmnisse für die Produktionsüberschußerzielung ein Urteil zu gewinnen, bedarf es einer schematischen Analyse der Elemente des Produktionsüberschusses, einer Darlegung ihrer allgemeinen Bedeutung sowie einer Einschätzung ihrer konkreten Entwicklungsfähigkeit.

Die beiden Hauptbestandteile, aus denen sich der jährliche Produktionsüberschuß bildet, sind die jährliche Produktion im weitesten Sinne [1]) (bezw. ihr Wert) und die jährliche Konsumtion im weitesten Sinne (bezw. ihr Wert).

Die Produktion einer Volkswirtschaft im weitesten Sinne, als Aktivseite der jährlichen Produktionsbilanz (Wirtschaftsbilanz), besteht aus der Summe aller im Inlande oder für inländische Rechnung im Auslande, für In- oder Ausland hergestellten Sachgüter oder geleisteten Dienste, vermindert um den Anteil des Auslands an der inländischen Produktion.

Die Konsumtion einer Volkswirtschaft, als Passivseite ihrer Jahresbilanz, umfaßt die Summe aller im Inlande oder Auslande hergestellten, von Inländern im Inland oder Ausland in Anspruch genommener Sachgüter oder Dienstleistungen.

Die Endsumme unter der Rubrik Produktion muß eine möglichst hohe, die Endsumme unter der Rubrik Konsumtion eine möglichst niedrige sein.

Die Produktionsseite umfaßt folgende Kategorien: Die Güterherstellung (immer einschließlich Dienstleistungen) für Rechnung des Inlands [2]) (P):

---

[1]) Die hier entwickelten Begriffe sind mit Absicht so weit gefaßt, daß sie erschöpfend sind. — Von der Literatur über die Wirtschaftsbilanz ist zu nennen: **Grunzel**: Der internationale Wirtschaftsverkehr und seine Bilanz, Leipzig 1895, und **Niklisch**: Handelsbilanz und Wirtschaftsbilanz, Magdeburg 1903. Während aber bei ihnen die Zahlungsbilanz den Ausgangspunkt bildet und erst als Ergänzung die Wirtschaftsbilanz herangezogen wird, steht diese hier im Mittelpunkt der Erörterung. Die hier vorzunehmende Zerlegung des volkswirtschaftlichen Produktionsüberschusses (eines sehr vernachlässigten Begriffes) ist daher selbständig vorgenommen.

[2]) Die direkte Güterherstellung für Rechnung des Auslands im Inland (B: italienische Speiseeishallen in Berlin, Vermittelungsdienste des Tschechoslowakischen Bankvereins in Berlin), ist begrifflich auszuschalten. Was von solchen Unternehmungen an deutscher Erzeugung oder Dienstleistung in Anspruch genommen wird (B: Lebensmittel, deutsche Angestellte), gehört vom Standpunkt der deutschen Produktionsbilanz zur Kategorie P 2 a was von ihren Erzeugnissen in Deutschland von Inländern konsumiert wird, belastet die Kategorie Konsumtion (K 2).

1. im Inland für Inländer[1])
   a) die im Inland wohnen,
   b) die sich im Ausland aufhalten;
2. im Inland für Ausländer
   a) die sich im Inland aufhalten,
   b) die im Ausland wohnen;
3. im Ausland für Inländer
   a) die im Inland wohnen,
   b) die sich im Ausland aufhalten;
4. im Ausland für Ausländer
   a) die sich im Inland aufhalten,
   b) die im Ausland wohnen.

Der Summe aus diesen Kategorien ist hinzuzuzählen der Wert der inländischen Forderungsrechte ans Ausland, also der schuldrechtliche Anteil der Inländer an der ausländischen Produktion im Ausland (ausländische Rentenerträge, Hypothekenzinsen, Dividenden usw.). Abzuziehen sind die volkswirtschaftlichen Passivzinsen, d. h. der jährliche Betrag der ausländischen Forderungsrechte an Inländer (Kategorien I A und A I).

Die Konsumtionsseite umfaßt folgende Kategorien: den Ge- oder Verbrauch von Gütern (einschließlich der Inanspruchnahme von Dienstleistungen) (K):

1. inländischen Ursprungs durch Inländer
   a) die im Inland wohnen,
   b) die sich im Ausland aufhalten,
2. ausländischen Ursprungs durch Inländer,
   a) die im Inland wohnen,
   b) die sich im Ausland aufhalten,
3. ausländischen Ursprungs, aber für inländische Rechnung, durch Inländer,
   a) die im Inland wohnen,
   b) die sich im Ausland aufhalten.

Die Stellung der Kategorien zueinander und ihre Bedeutung ist folgende: je höher der Erlös der Produktion für Ausländer ist (P 2, P 4), um so günstiger ist das für das Gesamtergebnis. Eine Vermehrung der Produktion für Inländer (P 1, P 3) ist dann von großer Bedeutung, wenn dadurch der Konsum ausländischen Ursprungs durch Inländer (K 2) vermindert wird. Vor allem muß aber auch der Konsum inländischen Ursprungs durch Inländer (K 1 und K 3) möglichst hinter der Summe der Produktion für Inländer (P 1 und P 3) zurückbleiben, indem möglichst wenig verbraucht wird und die jährliche Verbrauchsquote des zum Gebrauch verwendeten Gutes (B.: Hausabnutzung,

---

[1]) Die Begriffe „Inländer" oder „Ausländer" umschließen selbstverständlich auch die juristischen Personen öffentlichen und privaten Rechts und alle möglichen sonstigen Vereinigungen.

Möbelabnutzung, Werkzeugabnutzung) möglichst gering gehalten wird. Was nämlich von der jährlichen Produktion für Inländer nicht im gleichen Jahre von ihm verbraucht wird, sondern als Vorrat in nächste Perioden übergeht (als Produktionsmittel oder Genußmittel), ist der eine Hauptbestandteil des jährlichen Produktionsüberschusses. Der andere Hauptteil wird gebildet durch den Überschuß der Produktion für Ausländer (P 2, P 4) über den Konsum ausländischen Ursprungs durch Inländer (K 2).

Für die Produktionsüberschußerzielung ergeben sich also als große [1]) Gesichtspunkte:

P ist zu vermehren (als Summe aus P 1 bis P 4), und zwar:
P 2 und P 4 in jedem Falle,
P 1 und P 3 zur Verminderung von K 2.
K ist zu vermindern (als Summe von K 1 bis K 3), und zwar:
K 2 in jedem Falle,
K 1 und K 3 gegenüber P 1 und P 3.

Die Kategorie I A ist eine Kategorie, die für eine verarmte Volkswirtschaft, wie sie die deutsche darstellt, nicht sonderlich in Frage kommt. Der erste Schritt in der Verarmung ist immer die Liquidierung inländischer Forderungen ans Ausland (wie jeder drückend belastete Schuldner zunächst seine Außenstände einzieht oder zediert): die Zinsverpflichtung des Auslands hört auf, der Renten- oder Dividendenstrom versiegt. Diese Kategorie kommt also für die Erzielung eines Produktionsüberschusses nicht in Frage. Erst wenn ein solcher anderweitig gewonnen würde, könnten neue Zinsverpflichtungen des Auslands begründet werden.

Was die Kategorie A I anbetrifft, die einen sehr beträchtlichen Umfang angenommen hat [2]), so hat sie teils Ursache eines Produktionsunterschusses, teils Wirkung, indem der inländische zur Deckung benötigte Vermögensverlust (§ 12 a. E.) sich in der Form vollzieht, daß neben Konsumtivgütern immer mehr Produktivgüter bezw. Anweisungen auf deren Erträge (Effekten, Hypotheken usw.) in die Hand des Auslands übergehen. Ergibt sich an Stelle des Unterschusses ein wachsender Produktionsüberschuß, so wird die erste Wirkung eine Abstoßung der ausländischen Forderungsrechte sein, aber dies bleibt in erster Linie eine Wirkung, wiewohl es dann weiterhin zu einer Zunahme des jährlichen Produktionsüberschusses beitragen wird.

Die Kategorien I A und A I sind sozusagen Ergänzungsfaktoren, die über die sachliche Vermögensvermehrung oder -verminderung hinaus den Rest der Differenz P—K effektiv auffüllen.

---

[1]) Die genauere Bestimmung der Bedingungen und Grenzen erfolgt bei der Einzelerörterung der Kategorien.

[2]) Rathenau schätzte in Cannes am 12. Januar 1922 die jährlichen Passivzinsen auf 3/4 (0,75) Milliarden Goldmark gegenüber den Vorkriegerträgnissen aus Auslandsinvestitionen von 1½ Md. GM. (DAZ vom 17. Jan. 1922. Nr. 27).

Bei P > K wächst die Kategorie I A (B.: Deutschland vor dem Kriege), bei P < K wächst die Kategorie A I (B.: Deutschland nach dem Kriege). Wir können beide Kategorien ausschalten für die Frage der Produktionsüberschußerzielung, nachdem wir ihre Eingliederung in die Produktionsbilanz vorgenommen haben.

Eine Reihe anderer Kategorien, die bei der systematisch lückenlosen Zergliederung notwendig erwähnt werden mußten, können wegen ihrer verhältnismäßigen Bedeutungslosigkeit ausgeschaltet werden, so:

1. die Kategorie P 1 b): Inlandsproduktion für Inländer, die im Ausland wohnen (B.: A. E. G. schickt ihrer Niederlassung in Wien Arbeitsmaschinen);
2. die Kategorie P 3 a): Produktion im Ausland für Rechnung des Inlands („Auslandsanlagen") für Inländer, die im Inland wohnen (B.: deutsche Kolonie erzeugt Getreide und schickt dieses der heimischen Volkswirtschaft);
3. die Kategorie P 3 b): dasselbe, aber für Inländer, die sich im Auslande aufhalten (B.: deutsche Fabrik in Valparaiso gibt Bedarfsartikel an das dortige Hafenviertel ab);
4. die Kategorie P 4 a): dasselbe, aber für Ausländer, die sich im Inland (Deutschland) aufhalten (B.: Waren deutscher Überseeanlagen werden in Deutschland an Ausländer verkauft);
5. die Kategorie P 4 b): dasselbe, aber für Ausländer, die sich im Ausland aufhalten (B.: Fabriken, Banken, Schiffahrtsgesellschaften in deutschen Händen übernehmen Dienstleistungen oder produzieren Sachgüter für ausländischen Bedarf).

Gerade diese letztere Kategorie ist im Frieden zum Ausgleich der deutschen Zahlungsbilanz oder — in Bezugnahme auf den hier zugrunde gelegten Oberbegriff der Produktionsbilanz — zur Erzielung eines Produktionsüberschusses von unbestritten hoher Bedeutung gewesen. Wenn sie unter die Kategorie verhältnismäßiger Bedeutungslosigkeit gerechnet werden muß, so liegt das daran, daß Deutschland durch den Versailler Frieden seiner überseeischen Handelsanlagen und insbesondere des größten Teils seiner Handelsflotte beraubt worden ist [1]). So sehr der Aufbau auch beschleunigt wird — Juni 1922 umfaßte z. B. die deutsche Handelsflotte schon wieder 1,8 Mill. Bruttoregistertonnen gegenüber 0,72 Mill. im Juni 1921 (vor dem Kriege 5 Mill. t) [2]) —, ehe

---

[1]) Vgl. Versailler Vertrag, Anlage III § 1 zum VIII. Teil und den 4. Abschnitt des X. Teils.

[2]) „Wirtschaft und Statistik" Nr. 17/1922 (S. 570). Vgl. auch Cuno: Lage und Aussichten der deutschen Handelsflotte. Art. in der DAZ Nr. 265 vom 10. Juni 1922, und das Gutachten des amerikanischen „Institute of Economies" über die Stellung der Handelsflotte in der deutschen Wirtschaft (DAZ Nr. 389/390 vom 25. Aug. 1923).

über die Verzinsung und Tilgung des neuen Anlagekapitals oder Rückkaufkapitals hinaus sich ein nennenswerter Reinertrag ergibt, werden Jahre vergehen, so daß von dieser Kategorie kein besonderes Ergebnis erwartet werden kann.

Auch auf der Seite der Konsumtion können einige Kategorien ausgeschaltet werden, da sie untergeordneter Bedeutung sind:

1. die Kategorie K 1 b): Konsumtion inländischen Ursprungs durch Inländer, die sich im Ausland aufhalten (B.: deutsche Gesandtschaftsangehörige in Tokio tragen deutsche Stoffe);
2. die Kategorie K 2 b): Konsumtion von Gütern ausländischen Ursprungs durch Inländer, die sich im Ausland aufhalten (B.: deutsche Gesandtschaftsangehörige in Tokio tragen ausländische Stoffe);
3. die Kategorie K 3 a): Konsumtion von Gütern, die im Ausland, aber für inländische Rechnung, hergestellt sind, durch Inländer, die im Inland wohnen (B.: Verbrauch von Kakao aus ausländischen Fabriken, die sich in deutschen Händen befinden, durch Inländer);
4. die Kategorie K 3 b): dasselbe, aber durch Inländer, die sich im Ausland aufhalten (B.: Kakao gleichen Ursprungs trinken Angestellte der Wiener Niederlassung der A. E. G.).

Diese Kategorien sind bedeutungslos, weil keine großen Mengen oder Werte in Frage kommen, außerdem kommt für die Kategorien K 1 b), K 2 b) und K 3 b) hinzu, daß der Auslandsaufenthalt — bei den Valutaverhältnissen — nur ausnahmsweise Luxuszwecken dienen wird, vielmehr vorwiegend produktive Zwecke verfolgen wird. Und dabei ist ja die Konsumtion als notwendiger Aufwand gerechtfertigt.

Es bleiben somit schließlich folgende fünf Kategorien übrig, die genauer daraufhin zu untersuchen sind, ob sie den Anforderungen, die die Ausführbarkeit der Reparationsverpflichtungen an sie stellt, genügen können:

1. die Kategorie P 1 a): inländische Produktion für Inländer, die im Inland wohnen („Produktion für eigenen Bedarf“ [1]);
2. die Kategorie P 2 a): inländische Produktion für Ausländer, die sich im Inland aufhalten („Produktion für Fremdbedarf im Inland“);
3. die Kategorie P 2 b): inländische Produktion für Ausländer, die im Ausland wohnen („Produktion für Fremdbedarf im Ausland“ [2]);

---

[1]) Die Bezeichnungen in Klammern: („. . . .“) sind Zweckmäßigkeitsbezeichnungen. Über ihren genauen Sinn entscheidet jeweils der bereits gekennzeichnete spezielle Inhalt jeder Kategorie.

[2]) Oberbegriff zu 2. und 3. zweckmäßig: „Produktion für Fremdbedarf“.

4. die Kategorie K 1 a): Konsumtion von Inlandsgütern durch Inländer, die im Inland wohnen („Konsumtion eigener Produktion“);
5. die Kategorie K 2 a): Konsumtion von Auslandsgütern durch Inländer, die im Inland wohnen („Konsumtion fremder Produktion“).

Diese aus dem Gesamtüberblick über die Elemente der Produktionsbilanz herausgeschälten entscheidenden Kategorien sind im einzelnen Gegenstand der folgenden Unterabschnitte. Auf ihre Entwicklung und die Folgen für die gesamte Bilanz (Produktionsbilanz) kommt es an. Die einzelne Kategorie ist sehr wichtig, aber es läßt sich aus ihr allein nicht der geringste Schluß für die Aufbringung der Lasten ziehen. Die Theorie der unentgeltlichen Leistungen von Volk zu Volk ist noch so unentwickelt, daß dies besonders betont werden muß. Es soll daher im nächsten Paragraphen (§ 15) der grundsätzliche Zusammenhang zwischen dem Leistungsproblem und der Exportfrage (einschließlich Empfangsproblem) untersucht werden. Einer weiteren theoretischen Klarstellung dient auch der übernächste Paragraph (§ 16), der den Einfluß der Geldentwertung behandeln soll.

§ 15. b) Reparation, Export und Empfangsproblem.

Wenn ein Volk unentgeltlich Güter an ein anderes Volk leisten soll, so stehen ihm als Deckung dafür (vom Volksvermögen abgesehen) nur die jährlichen Produktionsüberschüsse zur Verfügung. Es kommt also, wenn man die Aufrechterhaltung des volkswirtschaftlichen Lebens für selbstverständlich hält, nicht etwa die Produktion selbst in Betracht, sondern nur der Überschuß, um den diese Produktion ihre volkswirtschaftlichen Gesamtkosten (die Konsumtion im weitesten Sinne) überschreitet. Die Produktion für Fremdbedarf im Ausland, deren volkswirtschaftliche Erscheinungsform der Export (im gewöhnlichen Sinne) ist, ist, wie wir sahen, nur eine Kategorie unter vielen, ihre Größe sagt also für sich allein nichts aus über das Vorhandensein eines Produktionsüberschusses oder -unterschusses. Der Widersinn der 26 % Ausfuhrabgabe [1]) im Sinne eines Besserungsscheines (Anteilnahme an Deutschlands Aufblühen) kann nicht deutlich genug gebrandmarkt werden. Es kann weder auf der einen Seite aus einem statistisch festgestellten Exportergebnis von (sagen wir) 10 Md. GM. gegenüber 5 Md. GM. im Vorjahre auf eine entsprechende Besserung der Wirtschaftslage geschlossen werden, noch kann man andererseits sagen, daß der Londoner Zahlungsplan etwa deswegen unerfüllbar sei, weil die für eine 3½ Md.-Leistung notwendige Exportsteigerung auf (sagen wir) 10 Md. GM. eine

[1]) Vgl. oben § 4, Ziffer II.

zusätzliche Leistung von 26 % von den 5 Md. Mehrexport = $1^1/_3$ Md. mehr erfordern.

Der erstere Fehler ist von der Gegenseite gemacht worden. Dabei wird übersehen, daß der Export kein Produktionsüberschuß ist, sondern Teil der Gesamtproduktion. Er ist nicht nur mit seinen speziellen Produktionskosten (Ernährung der vom Export lebenden, für ihn arbeitenden Bevölkerung, Kosten der technischen Konsumtion, insbesondere der importierten Rohstoffe), sondern auch mit den allgemeinen volkswirtschaftlichen Produktionsgesamtkosten belastet (Unterhaltung der Staatsorgane, Ernährung der Invaliden usw.).

Der zweite Fehler wird von deutschen Ökonomen gemacht, um die Forderungen des Londoner Zahlungsplanes ad absurdum zu führen. Solche Beweisführung muß abgelehnt werden. Logischer Unsinn auf der Gegenpartei kann nicht mit logischem Unsinn auf der eigenen Partei widerlegt werden. Die 26 %ige Abgabe wird doch nur aus dem statistisch erfaßten (sichtbaren) Export berechnet, während die für die 3½ Md.-Leistung notwendige Exportsteigerung zum großen Teil das Konto unsichtbaren Exports belastet. Von Ungenauigkeiten der Statistik des Warenexports, von Schmuggel und ähnlichem ganz abgesehen, Milliardenwerte gehen doch tatsächlich in der Form an das Ausland über, daß das Ausland hier billig lebt, sich billig bedienen läßt, sich ausstattet, äußerst billig Grundbesitz erwirbt oder Aktienpakete ersteht (Kategorien P 2 a) und A I). Diese Art des „Exports" (nicht formell, aber materiell) ist dem Ausland ganz bedeutend erwünschter als der offizielle Warenexport, weil der volkswirtschaftliche Reinertrag dieser Art des Exports infolge des niederen Inlandspreisniveaus an den des offiziellen Warenexports nicht entfernt heranreicht, wenn sie nicht gar einen direkten Vermögensverlust darstellt [1]). Es handelt sich hier nun nicht um die Bedeutung dieser oder jener Art des Exports, festzustellen war nur, daß man mit einer Ableitung der Leistungsfähigkeit zu Reparationen

---

[1]) Ein Hauptbeispiel hierfür bildet die Verschleuderung des deutschen Hausbesitzes. Der ausländische Käufer erwirbt nicht nur den Anspruch auf die künftigen Mietserträge (Kategorie A I), sondern die Volkswirtschaft verliert auch die Differenz zwischen dem gezahlten Preise, zu dem sich der Hausbesitzer aus Not verstehen mußte, und dem wirklichen Weltmarktswert. Seibt (Deutschlands kranke Wirtschaft und ihre Wiederherstellung, Bonn 1923, S. 41—45) schätzt z. B. den Erlös für größere Mietshäuser auf bloß 2—4 % des Wertes. Selbst wenn man die Schätzung für zu niedrig hält, bleibt die Tatsache einer wucherischen Ausbeutung der Notlage der deutschen Volkswirtschaft bestehen.

Ein zweites Beispiel gleicher Kategorie bildet die Effektenverschleuderung ans Ausland. Auf die durch jeden Auslandskauf bewirkten inländischen Vermögensverluste und Auslandsgewinne (à la longue) wirft ein grelles Schlaglicht der vom Statistischen Reichsamt berechnete Aktienindex, auf Gold reduziert über Dollaragio (Wirtschaft und Statistik, Heft 3—4, 1923, S. 122). Er betrug für 1919: 28,21; 1920: 14,43; 1921: 17,92; 1922: 9,35 %.

aus dem (sichtbaren) Export — für oder gegen! — sehr vorsichtig sein muß.

In welchem Verhältnis stehen nun positiv das Leistungsproblem und die Exportfrage zueinander? Wir müssen die Exportfrage im engeren Sinne von der im weiteren Sinne unterscheiden.

I. Die Exportfrage im engeren (staatsfinanzwirtschaftlichen) Sinne hat die unentgeltliche Übertragung der konkreten Reparationsleistung zum Gegenstand [1]). Sie erfolgt von Staat zu Staat. Angenommen das Deutsche Reich muß 4 Md. GM. leisten und hat für 1 Md. Devisen, für 1 Md. Effektenpakete, für 1 Md. Gold und für 1 Md. Sachgüter zur Verfügung. (Letztere mögen noch im Besitz des Produzenten sein, aber das Reich hat ihm den Gegenwert geleistet oder die Leistung zugesagt.) Die Übergabe an den Gläubiger setzt voraus, daß diese Sachen über die Grenze geschafft werden, die Devisen und Effekten in Paketen, das Gold in einem Waggon, die Sachgüter in vielen Güterzügen. Dieser Export bedeutet den Gang des privatrechtlichen Schuldners zu seinem Gläubiger jenseits der Straße. Ist die Übergabe ordnungsgemäß erfolgt, so ist die Schuld bis zum vollen Betrage des vereinbarten Wertes getilgt. Der Empfangende (die Reparationskommission) bezw. die Anteilsempfänger (England, Frankreich usw.) haben mit der Leistung einen Vermögenszuwachs empfangen (bezw. Beiträge zum Ausgleich der Haushaltsdefizite), und ihre Aufgabe besteht darin, das Empfangene in die richtigen Kanäle zu leiten, Inflation, Benachteili-

---

[1]) Die Scheidung zwischen dem staatsfinanzwirtschaftlichen Export und dem volkswirtschaftlichen Export ist von äußerster Wichtigkeit. Jener ist unentgeltlich und tilgt die Schuld, dieser ist entgeltlich und trägt dazu bei, den volkswirtschaftlichen Fonds für die Tilgung zu erzielen. Wiewohl ein Durcheinanderwerfen nicht angängig ist, geschieht es zumeist. So heißt es z. B. in der deutschen Denkschrift: Die wirtschaftlichen Wirkungen der Pariser Beschlüsse (Reichstagsdrucksache Nr. 1640, 1920—21, S. 29): Zahlung von Land zu Land ist möglich:
1. durch Überweisung von Zahlungsmitteln,
2. durch Überweisung von Guthaben, Wertschriften und dingl. Rechten,
3. durch Dienste und Arbeitsleistungen für fremde Wirtschaften,
4. durch Kredite,
5. durch Warenausfuhr.

Ziffer 3 und 5 bedeutet den Erwerb der Zahlungsmittel durch die Volkswirtschaft (Beitrag zur Erzielung eines Produktionsüberschusses, der dem Staat dann zur Verfügung stehen würde), Ziffer 1 dagegen bedeutet Export im staatsfinanzwirtschaftlichen Sinne, bei Ziffer 2 ist der Charakter zweideutig, Ziffer 4 ist ganz abwegig. Der Fehler liegt darin, daß man nicht die staatsfinanzwirtschaftliche Leistung von der volkswirtschaftlichen unterschied. Elemente aus den Vorgängen: Schuldtilgung und Produktionsüberschußerzielung nebeneinander zu stellen, ist ein unsystematisches Vorgehen. Auch Keynes und Nitti trifft dieser Vorwurf (Keynes I S. 137 ff. und Nitti: Das friedlose Europa, 1921, S. 219/220). Sie halten weder die Vorgänge: staatliche Tributtilgung und volkswirtschaftliche Produktionsüberschußerzielung noch die Vermögensleistung von der jährlichen Ertragsleistung korrekt auseinander.

gung der heimischen Industrie usw. zu vermeiden (Empfangsproblem im engeren Sinne[1])). Sonst ist der Export hier nichts weiter als das direkte mechanische Mittel der Leistungsübertragung, wie etwa der Weg zum Finanzamt oder das Einbehalten des Steuerabzuges der Weg der Steuerzahlung an den Staat ist.

II. Die Exportfrage im weiteren (volkswirtschaftlichen Sinne) ist etwas ganz anderes. Durch den entgeltlichen Export im weitesten Sinne (also Kategorie P 2 und P 4) soll der Teil der Produktion an Fremde abgesetzt werden, der nicht von den Inländern in Anspruch genommen wird. Wenn dieser Export einen höheren Erlös abwirft, als die Kosten für den gesamten volkswirtschaftlichen Konsum ausländischen Ursprungs (Import im weitesten Sinne, Kategorie K 2) betragen, dann bildet der überschießende Teil einen Beitrag zu dem Fonds, der grundsätzlich für unentgeltliche Leistungen zur Verfügung steht.

Die Exportfähigkeit nach Menge und Erlös hängt von zwei Faktoren ab:

1. der inneren Produktivität eines Landes,
2. der Aufnahmefähigkeit des Auslands.

Erstere ist eine Angelegenheit, die nur von den eigenen volkswirtschaftlichen Bedingungen abhängt, die Aufnahmefähigkeit des Auslands dagegen ist eine Exportgrenze, die nur zum verschwindenden Teil dem Einfluß des Inlands unterliegt. Dafür ist vielmehr die politische, soziale, wirtschaftliche Lage der fremden Volkswirtschaften und die ganze Struktur der Weltwirtschaft entscheidend. Hier setzt das Empfangsproblem im weiteren (weltwirtschaftlichen) Sinne ein: entspricht einer angenommenen Aktivbefähigung Deutschlands zu genügender Mehrproduktion auch die Passivbefähigung der Weltwirtschaft oder der einzelnen fremden Volkswirtschaften, die Aufnahmefähigkeit des Weltmarktes? Kann der Weltmarkt die Maschine z. B., die Deutschland ihm an sich vielleicht zur Verfügung stellen könnte, zu den Preisen aufnehmen, die Deutschland zur Erzielung eines Produktionsüberschusses benötigt? Wenn das Reparationsproblem als Schnittpunkt zweier Tatsachenreihen (Entwicklung der Reparationsverpflichtung selbst und der Zerrüttung Europas) aufgefaßt wurde [2]) und dies zuerst an der Eingliederung der Reparationsschuld in das allgemeine Netz der zwischenstaatlichen Verschuldung aufgezeigt wurde, so erfährt hier die These, daß das

---

[1]) Vgl. Eulenburg: Weltwirtschaftliche Solidarität der Völker, Berlin 1922, S. 43—45; C. A. Schaefer: Klassische Valutastabilisierungen und ihre Lehren für Deutschland, 1922, Anhang S. 95—97; O. Schramm in der DAZ Nr. 396 vom 25. Aug. 1921.

[2]) Vgl. oben: § 1 und § 7.

Reparationsproblem in enger Verknüpfung mit dem paneuropäischen Wiederaufbauproblem steht, eine neue Erhärtung.

Jeder Export nach europäischen Ländern tritt dort als Import in Erscheinung, und was für Deutschland lebenswichtige Aufgabe ist, löst in den empfangenden Ländern einen scharfen Widerstand, der zum Teil amtlich organisiert ist, hervor. Die Länder mit einer der Mark gegenüber unterwertigen Valuta — insbesondere Rußland, bis Anfang 1923 auch Österreich und Polen — haben keine Mittel, hochwertigen Export in großem Umfang aufzunehmen, und die Länder mit hochstehender Valuta leiden unter einer allgemeinen Absatzkrisis auf dem Weltmarkt, so daß sie ihrerseits den Import möglichst zu beschränken suchen. Diese kurze Andeutung der Absatzschwierigkeiten, die an späterer Stelle noch zu ergänzen ist [1]), war nötig, um das positive Verhältnis zwischen dem Leistungsproblem, der Exportfrage i. w. S. und dem Empfangsproblem i. w. S. zu verdeutlichen. Das Ergebnis kann wie folgt zusammengefaßt werden:

1. Die Übertragung der Leistung von Staat zu Staat setzt natürlich den Export der konkreten (vom Gläubiger festgesetzten oder bewilligten) Schuldtilgungssubstanz voraus (Gold, Devisen, Sachleistungen usw.). Wie der empfangende Staat das Erhaltene verwendet (Empfangsproblem i. e. S.), berührt das Leistungsproblem nicht.

2. Der allgemeine volkswirtschaftliche Export ist zwar kein Maßstab für die Leistungsfähigkeit, hat aber die wichtige Funktion, zu dem Produktionsüberschuß beitragen müssen. Hier ist die hypothetisch unterstellte Aktivbefähigung zum Export begrenzt durch die Passivbefähigung der Weltwirtschaft und der einzelnen fremden Volkswirtschaften (Empfangsproblem i. w. S.)

§ 16. c) Reparation, Valutenzersprengung und innere Geldentwertung.

Bei der Erörterung der staatsfinanzwirtschaftlichen Seite des Reparationsproblems war die Valutafrage als das Basisproblem für Staaten mit zerrütteter Währung bezeichnet worden und zugleich angedeutet worden, daß bei der volkswirtschaftlichen Betrachtung sich diese Frage ganz anders eingruppiere. Die Tatsache der „Valutenzersprengung", wie sich E. Schultze ausdrückt [2]), ist für die Frage der volkswirtschaftlichen Erfüllbarkeit der Reparationsverpflichtungen von einer solchen Bedeutung, daß die Grundzusammenhänge einer besonderen Klarstellung bedürfen.

---

[1]) Vgl. unten: § 24.

[2]) E. Schultze: Zerrüttung der Weltwirtschaft, Leipzig 1922, 1. Auflage, S. 214 ff.

Je nach dem Gesichtspunkt, unter dem man an das Problem herangehen will, muß man die Valutenzersprengung in die beiden Erscheinungen zerlegen.

I. Die allgemeine Valutenzersprengung der am Weltmarkt beteiligten Länder.

II. Die Valutazerrüttung des reparationsverpflichteten Deutschlands.

Beide Erscheinungen sind sowohl Wirkung als auch Ursache.

I. Die allgemeine Valutenzersprengung der am Weltmarkt beteiligten Länder ist ein Vorgang, der seit 1914 (während des Krieges zum Teil noch unbemerkbar) einsetzte und eine besondere Zuspitzung in der Weltmarktskrise seit 1920 erfuhr. Sein Ende ist noch nicht abzusehen. Die meisten europäischen und sonstigen Länder sind von einer Entwertung ihres Währungsgeldes gegenüber dem goldgedeckten nordamerikanischen Dollar betroffen, die zum Teil phantastische Ausmaße erreichte, zum Teil auch wieder eingeholt werden konnte. Bei der Erörterung der Zerrüttung Europas wurde diese Entwicklung mit einigen Zahlen aus dem Jahre 1920 belegt. Der Sterlingkurs ist inzwischen bedeutend gestiegen, Franken und Lire haben mit großen Schwankungen ihren Kurs etwa beibehalten, die Mark ist nicht mehr als Weltmarktzahlungsmittel anzusehen. Im November 1922 war die Durchschnittsbewertung der fremden Devisen in New York in Prozenten der Parität gegenüber dem Dollar [1]) folgende (in Klammern gesetzt die Prozente der Entwertung):

Amsterdam	97,63	(2,37)	Prag	15,60	(84,40)
Die Schweiz	95,55	(4,45)	Konstantinopel	11,20	(88,80)
London	91,96	(8,04)	Belgrad	7,84	(92,16)
Buenos Aires	82,91	(17,09)	Athen	7,81	(92,19)
Spanien	78,88	(21,12)	Lissabon	4,35	(95,65)
Kopenhagen	75,20	(24,80)	Sofia	3,67	(96,33)
Christiania	68,85	(31,15)	Rumänien	3,16	(96,84)
Rio de Janeiro	36,63	(63,27)	Budapest	0,203	(99,797)
Paris	35,17	(64,83)	Deutschland	0,058	(99,942)
Valparaiso	33,46	(66,53)	Warschau	0,0264	(99,9736)
Brüssel	32,58	(67,42)	Wien	0,0067	(99,9933)
Guatemala	31,97	(68,03)	Zarenrubel	0,0060	(99,9940)
Italien	23,39	(76,61)	Dumarubelnoten	0,0009	(99,9991)

Die Zahlen bedeuten nicht das Abbild einer neu erreichten Stabilität, sondern stellen nur ein einziges kurzes Stadium in dem unaufhörlichen Auf und Nieder der Währungen dar. So hatten sich z. B. für August 1923 die Entwertungsziffern wie folgt geändert (in Klammern wieder die Prozente der Entwertung) [2]):

---

[1]) „Wirtschaft und Statistik" 2. Dezemberheft, 1922, S. 812 (Heft Nr. 24).

[2]) „Wirtschaft und Statistik", 1. Oktoberheft 1923 (Nr. 19), S. 612.

Amsterdam	97,88	(2,12)	Prag	14,49	(85,51)
Die Schweiz	93,55	(6,45)	Konstantinopel	12,70	(87,30)
London	93,70	(6,30)	Belgrad	5,49	(94,51)
Buenos Aires	77,20	(22,80)	Athen	9,12	(90,88)
Spanien	70,74	(29,26)	Lissabon	4,11	(95,89)
Kopenhagen	68,92	(31,08)	Sofia	4,67	(95,33)
Christiania	60,86	(39,14)	Rumänien	2,42	(97,58)
Rio de Janeiro	30,13	(69,87)	Budapest	0,028	(99,972)
Paris	29,24	(70,76)	Deutschland	0,00014	(99,99986)
Valparaiso	33,93	(66,07)	Warschau	0,0018	(99,9982)
Brüssel	23,54	(76,46)	Wien	0,0070	(99,9930)
Guatemala	29,75	(70,25)	Zarenrubel	0,00096	(99,99904)
Italien	22,31	(77,69)	Dumarubelnoten	0,00017	(99,99983)

Und darin, daß die Valutenzersprengung kein zum Abschluß gelangter Vorgang ist, sondern stets den Keim der Fortsetzung und Verschärfung noch in sich trägt, liegt die Gefahr für die Weltwirtschaft. Wovon ist die Valutenzersprengung Wirkung und wovon ist sie ihrerseits Ursache?

a) Die Valutenzersprengung als Allgemeinerscheinung in der Weltwirtschaft ist die Wirkung der jeweiligen nationalen Unausgeglichenheit der Wirtschaftsbilanzen. Das Mißverhältnis zwischen Produktion im weitesten Sinne und Konsumtion im weitesten Sinne, das der Krieg in den beteiligten Volkswirtschaften notwendig mit sich brachte, mußte über kurz oder lang in der Bewertung des jeweiligen Währungsgeldes seinen Ausdruck finden. Dieses Mißverhältnis übertrug sich auf den Weltmarkt und führte weiter zu Erschütterungen kriegsunbeteiligter Länder, die notwendigen Importbedarf nicht mehr decken konnten, notwendige Ausfuhr nicht mehr absetzen konnten. Dieser rein ökonomische Zusammenhang wurde in seiner Wirkung verstärkt durch politische Vorgänge, die zu sachlich ungerechtfertigten tendenzversteifenden Bewertungen führte. Die Valutaschwächung eines Landes war nun nicht mehr bloß Symptom eines bestehenden Mißverhältnisses zwischen Gesamtproduktion und Gesamtkonsumtion, sondern der Ausdruck eines ganz allgemeinen Mißtrauens in die zukünftige Entwicklung des Landes, sei diese nun eigenwirtschaftlich oder weltwirtschaftlich, innenpolitisch oder außenpolitisch bedroht. Die daraus entstehende „potenzierte" oder auch „potentielle" Valutaschwäche — wie ich sie nennen will im Gegensatz zu der ökonomisch gerechtfertigten „natürlichen" Valutaschwäche — erfährt jetzt den Umschlag von der Quantität zur Qualität und erhält jetzt neben dem Charakter als Wirkung (oder Symptom) den gefährlicheren Charakter, Ursache neuen Mißverhältnisses zu sein.

b) Das Symptom einer potenzierten Valutaschwäche

ist die Tatsache, daß die innere Geldentwertung hinter der äußeren zurückbleibt. Diese Erscheinung, die an sich bei jeder Valutaschwächung eintritt, richtet sich bei potenzierter Valutaschwächung gewissermaßen häuslich ein. Nehmen wir an, das Preisniveau sei durchschnittlich infolge der Geldentwertung auf das 1000fache gestiegen, während die Währungseinheit im Weltmarktverkehr nur mit $^1/_{2000}$stel bewertet wird, so kauft jetzt das ausländische Geld die einheimischen Waren im Inland tatsächlich billiger. Dies ist die erste Wirkung der potentiellen Valutaschwäche. Dazu die zweite, korrespondierende: der Importeur muß den ausländischen Entwertungsquotienten bezahlen und findet nur Inlandsabsatz, wenn eine kaufkräftige Nachfrage bereit ist, über die Inlandsdurchschnittsentwertung hinaus entsprechende Preise zu bewilligen. Eine kaufkräftige Nachfrage für lebenswichtige Importbedürfnisse ist aber bei Volkswirtschaften mit jährlichem Produktionsunterschuß, d. h. im Zustande der Verarmung, schwerlich vorhanden.

Die beiden ungünstigsten Hauptwirkungen einer potentiellen Valutaschwäche für das eigene Volk sind also:

1. Forcierung sichtbaren und unsichtbaren Exports, dessen Gegenstände unter Umständen im Inland vital notwendig sind (Lebensmittel, Häuser), zu unlohnenden Preisen. Dies betrifft die ganze Kategorie Produktion für Fremdbedarf im Inland.
2. Abschnürung lebensnotwendigen Imports (Gefahr der Hungerkrisen).

Hinzu treten die Wirkungen auf den Weltmarkt und die anderen Länder, die ebenfalls ungünstig sind. Jedes Land in der geschilderten Lage hat an sich das Interesse, seine Warenausfuhr zu Preisen abzusetzen, die dem Quotienten der äußeren Geldentwertung, also den allgemeinen Weltmarktpreisen, entsprechen. Aber ein Land mit potentieller Valutaschwäche ist der Konkurrenz dadurch überlegen, daß es auch dann noch guten Verdienst für die heimische Volkswirtschaft erlöst, wenn es die üblichen Weltmarktpreise unterbietet.

Es ist hier nicht zu untersuchen, was an dem „dumping“ [1] oder den Antidumpingbestrebungen gerechtfertigt erscheint, festzustellen ist bloß die Tatsache des Unterbietens als notwendige Folge einer potentiellen Valutaschwäche. Die Krisiskeime im Gefüge der Weltwirtschaft werden vermehrt, und die Erschütterungen pflanzen sich fort in Länder, die ursprünglich außerhalb standen. Und als Verschärfung tritt hinzu, daß die Abschnürung lebensnotwendigen Imports nicht nur eine Gefahr für das import-

[1]) Ich verwende den Begriff in dem Eulenburgschen Sinne: „Valutadumping ist die Bedrängung der heimischen Industrie durch die Einfuhr aus valutaschwachen Ländern“ (E: Weltwirtschaftliche Solidarität der Völker, 1922, S. 7).

benötigende Land bedeutet, sondern für die produzierenden Länder einen Ausfall der Absatzmöglichkeit und damit eine Bedrohung der betreffenden Industriezweige darstellt. Also die Wirkung einer potentiellen Valutaschwäche auf den Weltmarkt ist ebenfalls eine doppelte:

1. Möglichkeit oder geradezu Zwang zum dumping.
2. Erzwungener Ausfall der Nachfrage.

II. Auf die deutsche Valutazerrüttung trifft das zu, was über die Wirkung einer potenzierten Valutaschwäche gesagt worden ist. Die Tatsache des Markentwertungsvorganges kann am besten durch eine Tabelle illustriert werden, die den Zeitraum der jeweiligen Verdoppelung des Dollarkurses anzeigt [1]):

Verdoppelung.	Dollarkurs in Mark	Wurde erreicht bei der Berliner Notierung am:	Zeitspanne der Verdoppelung		
			Jahre	Mon.	Tage
	4,198	Friedensparität			
1.	8,396	Dez. 1918	4	5	,,
2.	16,792	Aug. ,,	.	8	.
3.	33,584	Nov. ,,	.	3	,,
4.	67,168	Jan. 1920	.	2	,,
5.	134,336	13. Okt. 1921	1	9	.
6.	268,672	7. Nov. ,,	.	.	24
7.	537,344	28. Juli 1922	.	8	21
8.	1 074,688	18. Aug. ,,	.	.	21
9.	2 149,376	6. Okt. ,,	.	1	19
10.	4 298,752	21. ,, ,,	.	.	15
11.	8 597,504	8. Nov. ,,	.	.	18
12.	17 195,008	17. Jan. 1923	.	2	9
13.	34 390,016	30. Jan. ,,	.	.	13
14.	68 780,032	31. Mai ,,	.	4	1
15.	137 560,064	18. Juni ,,	.	.	18
16.	275 120,128	24. Juli ,,	.	.	6
17.	550 240,256	26. Juli ,,	.	.	2
18.	1 100 480,512	30. ,, ,,	.	.	4
19.	2 200 961,024	7. Aug. ,,	.	.	8
20.	4 401 922,048	8. ,, ,,	.	.	1
21.	8 803 844,096	30. ,, ,,	.	.	22
22.	17 607 688,192	5. Sept. ,,	.	.	6
23.	35 215 376,384	7. ,, ,,	.	.	2
24.	70 430 752,768	12. ,, ,,	.	.	5
25.	140 861 505 536	18. ,, ,,	.	.	6
26.	281 733 011,072	2. Okt. ,,	.	.	15
27.	563 466 022,154	5. ,, ,,	.	.	3

[1]) „Wirtschaft und Statistik", 1. Oktoberheft 1922, Nr. 19, S. 653, ab 21. Okt. eigene Feststellung.

Ver-doppe-lung	Dollarkurs in Mark	Wurde erreicht bei der Berliner Notierung am:	Zeitspanne der Verdoppelung Jahre	Mon.	Tage
	4,198	Friedensparität			
28.	1 126 932 044,308	9. Okt. 1923	.	.	4
29.	2 253 864 088,616	10. „ „	.	.	1
30.	4 507 728 177,232	17. „ „	.	.	7
31.	9 015 456 354,464	19. „ „	.	.	2
32.	18 030 912 708,928	• 22. „ „	.	.	3
33.	36 061 825 417,856	22. „ „	.	.	0
34.	72 122 650 835,712	31. „ „	.	.	9

Da die innere Geldentwertung im Durchschnitt ständig hinter der äußeren zurückgeblieben ist [1]), waren auch für die deutsche Volkswirtschaft die allgemein unter I abgeleiteten Folgen zu beobachten:

1. Forcierung unsichtbaren, volkswirtschaftlich unlohnenden, zum Teil schwer entbehrlichen Exports (B.: Häuser, Gold, Anzüge, Effekten);
2. Abschnürung lebensnotwendigen Imports (Getreide, Kohlen);

ferner von Nachteil für den Weltmarkt:

3. Möglichkeit und Zwang zum dumping.
4. Erzwungener Ausfall der Nachfrage.

---

[1]) Daß ein großer Teil der Güter im Sommer 1923 den Friedenspreis erreicht haben (errechnet über die jeweilige Dollarnotierung), hat vielfach zu der Auffassung geführt, daß nunmehr keine Preisniveaudifferenz zwischen der „äußeren", und „inneren" Geldentwertung vorhanden sei. Dies ist irrig. Die Dollarnotierung in Mark bedeutet für die „äußere" Geldentwertung nur die Untergrenze, den Mindestausdruck, in Wirklichkeit tritt noch hinzu die Entwertung des Goldes (also auch des Dollars) gegenüber den Waren seit 1914. Angenommen eine Ware kostete im Frieden 4,20 Goldmark, Anfang Juni 1923 bei einem Dollarkurs von vielleicht 100.000 Mark nur etwa 80.000 Papiermark. Die Niveaudifferenz beträgt 20 %. Wenn jetzt die Ware plötzlich auf über 100.000 Mk. bei gleichem Dollarstand steigt, dann ist damit zwar der „Friedensgoldmarkpreis" erreicht, nicht aber das wirkliche Niveau der äußeren Geldentwertung. Denn die Ware ist, wenn sie der durchschnittlichen Preisbewegung auf dem Weltmarkt gefolgt ist, mindestens um 50—200 % seit 1914 gestiegen, kostet also auf dem Weltmarkt 1,50—3,00 Dollar. Die Niveaudifferenz zwischen der inneren und der äußeren Geldentwertung ist erst dann beseitigt, wenn in Deutschland für alle Inlandswaren nicht nur „Friedenspreise" erreicht werden, sondern Friedenspreise mal Weltmarkts-Teuerungsfaktor.

Über die „Überwertigkeit fremder Devisen" und das „Goldniveau der Geldentwertungsstadien" vgl. „Wirtschaft und Statistik", Heft 2, 1923, S. 47 ff. und Heft 18, 1923, S. 578, über den „Stand der Großhandelspreise im In- und Ausland": DAZ Nr. 500 v. 27. 10. 23 (Handelsteil).

Diese beiden letzten Wirkungen gereichen ebenfalls zum Schaden für Deutschland, da sie als Reaktion Sperrmaßnahmen gegen die deutsche Warenausfuhr und Auswanderung hervorgerufen haben.

Die übereinstimmende Endfolge aller dieser Teilwirkungen ist eine Behinderung der deutschen Leistungskraft, auf der Verbrauchsseite wie auf der Produktionsseite der Produktionsbilanz, hinsichtlich der Aktivbefähigung wie hinsichtlich der Passivbefähigung [1]).

Die potenzierte Valutaschwäche soll also gewiß in ihren Wirkungen nicht unterschätzt werden, ebensowenig dürfen aber alle sonstigen volkswirtschaftlichen Noterscheinungen (Produktionsrückgang, Teuerung, Konsumentenelend) als Wirkungen der natürlichen Valutaschwäche oder der inneren Geldentwertung hingestellt werden. Diesen Noterscheinungen gegenüber ist die natürliche Valutaschwäche nicht die Ursache, denn sie ist nichts weiter als das Kriterium eines bestehenden Produktionsunterschusses. Alle Versuche, die Mark zu stabilisieren, die die wahre Ursache der Markentwertung (das Defizit zwischen Produktion und Konsumtion einerseits und darüber hinaus das Mißtrauen des Auslands, das auf jede außenpolitische Bedrohung mit Markbaisse antwortet) nicht beheben, sind auf die Dauer genau so zum Scheitern verurteilt, wie der Versuch, die Reparationsverpflichtungen staatsfinanzwirtschaftlich durch Steuern aufzubringen, die die volkswirtschaftliche Erfüllungsmöglichkeit übersteigen [2]). Die conditio sine qua non für Markstabilisierung, Kredithilfe, Reparationssteuern, Reparationsaufbringung ist, dies kann nicht oft genug betont werden, die Erzielung eines Produktionsüberschusses mit seinen Faktoren Produktionserhöhung (einschließlich Export i. w. S.) und Verbrauchsverminderung (einschließlich Import i. w. S.).

2. Unterabschnitt: Die Konsumtionsfrage [3]).

§ 17. a) Übersicht.

Die theoretische Forderung für die Aufbringung der Reparationsleistungen lautet erschöpfend und kategorisch: Erzielung eines Produktionsüberschusses in verlangter Höhe. In bezug auf das Londoner Ultimatum müßten sich also 3—3½ Md. GM. als jährlicher Produktionsüberschuß ergeben. Nach dem Zustand

[1]) Vgl unten 2. und 3. Unterabschnitt, insbes. § 19 und 24.

[2]) Feiler sagt mit Recht (Verh. S. K. II, S. 176): „Die Tatsache, daß der Gesamtbetrag der Volkswirtschaft geringer ist als vor dem Kriege, ist nicht aus der Welt zu schaffen durch irgendwelche Beeinflussung des nominellen Geldwerts, sondern ist eine Frage der nationalen Produktion".

[3]) Ich gebrauche den Ausdruck „Konsumtion" oder „Konsum" als Oberbegriff für Verbrauch und Gebrauch. — Vgl. Karl Oldenberg: Die Konsumtion G. d. S. II, Abt. 1914, III, S. 103—164, insbes. S. 105—109.

der deutschen Volkswirtschaft im Jahre 1922 stand dieser Forderung ein jährlicher Produktionsunterschuß von mindestens 3—4 Md. GM. (einschließlich Clearing und Besatzungskosten), von mindestens 2 Md. ohne Nebenleistungen gegenüber [1]). Der Ausgleich kann nur geschehen durch Gesamtvermehrung der Produktion oder Gesamtverminderung der Konsumtion. Die oben entwickelten einzelnen Kategorien [2]) müssen auf die Frage hin untersucht werden, ob sie zu einer Produktionsüberschußerzielung in nennenswertem Umfang beitragen können. Dies ergibt dann die positive Antwort auf die Frage nach der Leistungskraft der deutschen Volkswirtschaft einschließlich der Aufnahmefähigkeit des Weltmarktes.

Eine zahlenmäßige Untersuchung für die einzelnen Kategorien ist nicht möglich, es kommt hierauf auch nicht an. Für eine Prognose der volkswirtschaftlichen Entwicklung sind vielmehr entscheidend die dynamischen Kräfte bezw. Widerstände. Die Frage, wieviel Goldmillionen diese oder jene Kategorie mehr ergeben kann, kann mit wissenschaftlicher Genauigkeit von niemandem beantwortet werden. Die Frage aber: Sind die Voraussetzungen zur Ausgleichung eines Milliarden-Produktionsdefizits und Erzielung eines Milliardenüberschusses gegeben, welche inneren und äußeren Hemmnisse liegen vor? kann bei vorsichtiger Abwägung klar beantwortet werden.

Wir behandeln in diesem Abschnitt die Frage der Verminderung der Konsumtion. Von den wegen ihrer Bedeutungslosigkeit ausgeschalteten Kategorien abgesehen, kommen für unsere Untersuchung die Kategorien K 1 a) und K 2 a) in Frage: Konsumtion von Gütern eigener Produktion und Konsumtion von Gütern fremder Produktion (d. h. von Importgütern).

Beide Kategorien umfassen:

a) den Verbrauch von Sachgütern (in einmaliger Bedürfnisbefriedigung oder jedenfalls innerhalb eines Wirtschaftsjahres) [3]),

b) den Gebrauch von Sachgütern (allmähliche Abnutzung durch zwei oder mehr Wirtschaftsjahre hindurch),

c) den Verbrauch von Dienstleistungen.

Ferner ist zu scheiden:

I. nach dem Verhältnis der Produktion:

a) der Konsum zu Produktionszwecken,

---

[1]) Vgl. oben § 12.

[2]) Vgl. oben § 14.

[3]) Die Abstellung auf das Wirtschaftsjahr als Bestimmungsgrenze für den Begriff: Verbrauch (im Gegensatz zum Gebrauch) erscheint mir zweckmäßig, da wir auch den Produktionsüberschuß stets in der zeitlichen Begrenzung auf (je) ein Jahr der ganzen Erörterung zugrunde legen. Die Scheidung Gebrauchsgüter — Verbrauchsgüter spielt eine besondere Rolle in der Produktionsfrage (s. unten, bes. § 22).

b) der Konsum zu Genußzwecken.

II. nach der Dringlichkeit der Bedarfsbefriedigung:

a) der notwendige Konsum,

b) der Luxuskonsum.

Die erste Frage lautet: An welchen von diesen Kategorien kann grundsätzlich gespart werden?

Die Einschränkung des Konsums kann sein:

a) eine freiwillige,

b) eine erzwungene (Verbote, Steuerdruck, Faktor der Not usw.).

Daraus ergibt sich als zweite Frage: Worauf wird freiwillig verzichtet werden, und was kann mit Zwang erreicht werden?

Wir beginnen mit den Aussichten und Hemmnissen einer Einschränkung der Konsumtion von Gütern eigener Produktion.

§ 18. b) Die Einschränkung der Konsumtion von Gütern eigener Produktion.

I. An welchen Arten kann gespart werden?

Wenn man die Einschränkung der Konsumtion als allgemeine volkswirtschaftliche Forderung anerkennt und diese Forderung mit besonderem Nachdruck in Zeiten der Not vertritt, so ist damit noch nichts darüber gesagt, ob die Anwendung auf alle Arten der Konsumtion angängig ist. Welche Arten des Konsums von im Inland erzeugten Gütern kommen für eine wesentliche Einschränkung in Frage, welche Rolle spielt die Dringlichkeit des Bedarfs?

A. Die Konsumtion zu Zwecken der Produktion ist eine Art des Konsums, bei der die Forderung einer Verminderung nur in ganz bedingter Weise aufrechterhalten werden kann. Ausreichende Produktion ist eine Lebensnotwendigkeit für die Volkswirtschaft, und diesem obersten Prinzip gegenüber versagt jedes andere. Wenn zu einem Schiffe Holz und Eisen und Arbeit gebraucht wird, so ist dies eine Konsumtion, mit der das Produktionsergebnis steht und fällt. Eine Einschränkung dieses Konsums — mag es sich um Verbrauch von Dienstleistungen (jede produktive Arbeit, auch die des Erziehers, Beamten usw.), Verbrauch von Sachgütern (umlaufendes Kapital) oder Gebrauch von Sachgütern (Abnutzung des stehenden Kapitals) handeln — ist nicht nur nicht wünschenswert, sondern geradezu gefährlich für eine Volkswirtschaft, da der künftige Produktionsertrag eine Minderung erfahren würde. Hierzu sind jedoch zwei Ergänzungen zu machen:

1. Die Ablehnung einer Gesamteinschränkung bedeutet nicht die Erlaubnis einer unsorgfältigen Konsumtion zu Produktionszwecken. Im Gegenteil: die Ersparnis im Produktionsprozeß, sei es Ersparnis an Verbrauchsgütern oder Herabsetzung der Ab-

nutzungsquote bei Gebrauchsgütern, ist eine Angelegenheit, der die größte Aufmerksamkeit geschenkt werden muß. Dieses Problem — die Rationalisierung der Produktion, von der Konsumtionsseite betrachtet — ist in seiner Bedeutung schon allgemein anerkannt, und es liegt uns in dem Zusammenhang dieser Arbeit nur ob, das wahrscheinliche künftige Ergebnis für die Produktionsüberschußerzielung zu bewerten. Die Rationalisierung in diesem Sinne (relative Verminderung der Produktionskosten im weitesten Sinne) ist vor allem eine Frage der Organisation, der Zusammenfassung von Kapital und Arbeit einerseits und der verschiedenen Produktionszweige andererseits. Die Verbilligung der Staatswirtschaft gehört hierher. Die Möglichkeit eines Beitrags zu einem Produktionsüberschuß ist gegeben. Organisationsaufgaben zu leisten, war Deutschland von jeher imstande. Andererseits ist die Gefahr einer Überorganisation, die sehr kostspielige Wirkungen am Volkswirtschaftskörper haben kann, nicht zu unterschätzen. Der Raum für Rationalisierung ist vorhanden, was aber die Zeitfrage anbetrifft, so kann die produktionskostenverbilligende, konsumersparende Wirkung nach allgemeiner Erfahrung erst nach längeren Zeiträumen in Erscheinung oder wenigstens in bedeutendem Umfang in Erscheinung treten. Meines Erachtens ist also zwar die Möglichkeit einer Verbrauchsbeschränkung auf diesem Wege gegeben, der praktische Erfolg wird aber für die nächsten Jahre wenn überhaupt nur mit geringen Posten einzusetzen sein.

2. Die Ablehnung einer Gesamteinschränkung des Konsums zu Zwecken der Produktion trifft grundsätzlich nur die notwendige Produktion. Jede Volkswirtschaft erzeugt neben lebenswichtigen (einschließlich exportwichtigen) Gütern eine Reihe von Luxusgütern, welche nur einer bevorzugten Schicht von Inländern zugute kommen, die für die volkswirtschaftlichen [1]) Gesamtkosten dieser Luxusproduktion nicht in genügendem Maße aufkommen (B.: Likörfabrikation für Inländer: Tragen die Käufer den volkswirtschaftlichen Schaden, der durch den Verbrauch von Zucker, von Kohle für die Dielenbeleuchtung usw. entsteht, indem diese Rohstoffe dem lebenswichtigen Konsum — Heizung, Ernährung — entzogen werden?). Die Konsumtion für diese Produktion kann eingeschränkt werden. Aber die Schwierigkeiten der Umstellung sind groß, besonders für die beteiligten Arbeiter und Angestellten[2]) und das stehende Kapital, und die Forderung der Konsumeinschränkung für Luxusproduktion kann außerdem durch

---

[1]) Ob der Likörfabrikant privatwirtschaftlich auf seine Rechnung kommt, ist belanglos.

[2]) Vgl. die Äußerungen Direktor Froweins und Geh. Rat Beukenbergs in den Verhandlungen der Sozialisierungskommission, Verh. S. K. I, S. 177. 186, 194/5.

das Argument, daß der Absatz ans Ausland oder die im Inland sich aufhaltenden Ausländer volkswirtschaftlich wichtig sei, einen Teil ihrer Berechtigung verlieren [1]). Man wird meines Erachtens einen bedeutenden Aktivposten aus dieser Position nicht erhalten können. Das einzige wirkliche Mittel, eine volkswirtschaftliche wertvollere Umstellung zu erzwingen (sei es Aufgeben der Luxusproduktion, sei es Einstellung auf alleinigen Auslandsabsatz) ist das Verschwinden der heimischen Nachfrage. Dies führt uns auf die Frage der Konsumtion zu Genußzwecken.

B. Der Verbrauch von im Inland erzeugten Gütern zu Genußzwecken und ebenso der Gebrauch ist unterschiedlich zu bewerten nach der Notwendigkeit der Bedürfnisbefriedigung. Wir unterscheiden:

1. die absolut notwendigen Existenzbedürfnisse (Nahrung, Kleidung, Wohnung),
2. die relativ notwendigen Kulturbedürfnisse (dasselbe besonderer Qualität, geistige und körperliche Erholung, wie Lektüre, Theater, Reisen),
3. die Luxusbedürfnisse (Schlemmerei, Kleiderluxus, Wohnungsluxus, Vergnügungsexzesse).

Der Sinn dieser Rubrizierung ist eine allgemeine Orientierung. Daß die Grenzen schwer zu erkennen sind [2]), schadet nichts. Es scheint auch, daß die Not eines Volkes schärfere Urteile über die Abgrenzung hervorruft, was auf die gesamte soziale Lage und die allgemeine psychologische Einstellung zurückzuführen ist. Wir wollen also die Beiwörter „absolut notwendig", „relativ notwendig" und „Luxus" ... als möglichst scharfe Gegensätze auffassen. Dies erleichtert die Antwort auf die Frage: An welchen Konsumarten kann grundsätzlich gespart werden?

1. Die Befriedigung der absolut notwendigen Existenzbedürfnisse (Nahrung, Kleidung, Wohnung) ist der Teil der Konsumtion, der höchster unmittelbarer Zweck jeder Volkswirtschaft ist, da von ihm das physische Leben des Volkes abhängt. Dieses volkswirtschaftliche Existenzminimum ist wirtschaftliche Voraussetzung des festbegrenzten Staates. Denn wenn es nicht vorhanden ist, bleibt nichts übrig als Aussterben des Volkes oder ein Ausbruch über die Grenzen zu fruchtbareren Weltweideplätzen. Diese Auswege kommen als Ermöglichung einer Konsumverminderung nicht in Frage. Mögen Clémenceau und Poincaré mit solchen Entwicklungen rechnen („il y a vingt millions de trop"!) — eine Untersuchung über die Erfüllbarkeit der Reparationsverpflichtungen darf die Grundvoraussetzung, daß die staatliche Existenz aufrechterhalten wird, nicht aufgeben. Also eine Ver-

---

[1]) Frowein beziffert z. B. den Auslandsabsatz von Seidenwaren auf 40 % des Gesamtabsatzes (Verh. S. K. I, S. 174).

[2]) Vgl. Oldenberg: Die Konsumtion, G. d. S. II, Abt. 1914, III, S. 115.

minderung dieses Konsums zur Befriedigung der Lebensbedürfnisse an Wärmestoffzuführung und zur Verhinderung der Wärmestoffentziehung kommt nicht in Frage.

2. Es liegt im Begriff der relativ notwendigen Kulturbedürfnisse, daß sie zwar für die nackte Lebensfristung entbehrlich sind, ihrer Entstehung nach aber mit dem ganzen geistigen und materiellen Niveau des Volkes in engster Verknüpfung stehen. Wenn die Befriedigung dieser Bedürfnisse bedroht wird, so lösen sich leicht die sozialen und kulturellen Bande, ohne die eine staatliche Organisation nicht auskommen kann. Über die Entbehrlichkeit von Gütern und Dienstleistungen, die in diese Kategorie gehören, wird man sehr verschiedener Ansicht sein können. Nennen wir wahllos einige Güter, die nicht gerade der Befriedigung ausgesprochen notwendiger oder unbestreitbarer Luxusbedürfnisse dienen: Gewürze, Tabak, Alkohol, Uhren, Zentralheizung, Teppiche, Seife, Lektüre, Vorstellungen zur Erheiterung, Zeitungen u. a. —, so wird man bei scharf wägender Beurteilung bei einigen die kulturelle Genesis betonen, also die Unentbehrlichkeit, bei anderen die relative Entbehrlichkeit. Gewürze, einfache Teppiche, Seife, bildende Lektüre, Zeitungen wird man für unentbehrlich halten, Uhren aus edlen Metallen, Perser Teppiche, besondere Luxusseife, Kabarettvorstellungen für entbehrlich. Bei Tabak und Alkohol wird man eine Mäßigkeitsgrenze annehmen, oberhalb deren das Rauchen und Trinken Luxuscharakter erhält.

Also die Konsumtion dieser Art kann zum Teil grundsätzlich beschränkt werden, allerdings wird diese Einschränkung nur dann in günstigem Sinne für die Produktionsbilanz wirksam, wenn die bisher in Anspruch genommenen Produktivkräfte bei volkswirtschaftlich nützlicheren Produktionszweigen Unterkunft finden, also nicht als Arbeitslose die Volkswirtschaft belasten.

3. Für die Kategorie der Luxusbedürfnisse gilt allgemein, was von dem als entbehrlich eingeschätzten Teil der relativ notwendigen Kulturbedürfnisse gesagt wurde. Die Konsumtion kann unter der gleichen Bedingung einer anderweitigen Unterbringung der freiwerdenden Produktionskräfte bis auf Null beschränkt werden. Hierher gehören meines Erachtens (es handelt sich hier immer um den Konsum von im Inland produzierten Gütern): Schaumweine, Liköre, Beleuchtungsüberfluß, Benutzung von Luxusautos, seidene Wäsche und Strümpfe, übertriebene Mannigfaltigkeit der Mode, überflüssige Bedienung, Völlerei u. a.

II. Die Aussichten der freiwilligen und erzwungenen Einschränkung.

Wenn die Ergebnisse zusammengefaßt werden, so ist eine volkswirtschaftlich nützliche Konsumtionseinschränkung denkbar:

A. an Produktivgütern (einschließlich Dienstleistungen)
   1. durch Rationalisierung der Produktion. Diese kann aber vorläufig keine zu Buche schlagenden Ergebnisse zeitigen.
   2. durch Umstellung des Zwecks: notwendige Produktion statt Luxusproduktion.

B. an Genußgütern: durch Verzicht auf entbehrliche Genußgüter.

Die Kategorien A 2. und B greifen ineinander. Die Umstellung der Produktion würde den Verzicht auf entbehrliche Genußgüter bedingen, und der Verzicht auf entbehrliche Genußgüter macht die in Anspruch genommenen Produktivgüter für andere notwendige Zwecke frei. In einem sozialistischen Staate könnte die Umstellung der Produktion von Staats wegen erfolgen kraft der Verfügungsgewalt über die Produktionsmittel, in einem vorwiegend individualistisch orientierten Staatswesen ist diese Möglichkeit nicht gegeben, wenigstens nicht grundsätzlich. Es wurde schon betont, daß die Einschränkung der Nachfrage das einzige Mittel ist, die Produzenten zu einer volkswirtschaftlich nützlicheren Umstellung (Verzicht auf die Produktion entbehrlicher Genußgüter) zu zwingen. In dem Gelingen dieser Umstellung liegt aber zugleich die Grenze für die Wirksamkeit der Konsumbeschränkung: liegen die freiwerdenden Produktivgüter brach, fallen die Arbeiter oder Angestellten der Erwerbslosenfürsorge oder Armenunterstützung anheim, so ist der Effekt der Konsumverminderung für die volkswirtschaftliche Jahresbilanz gleich Null. Dies ist ein Zusammenhang, der oft genug bei Forderungen von Konsumeinschränkungen zugunsten der Aufbringung der Reparationslasten vergessen wird.

Von diesem allgemeinen Hemmnis des Wirksamwerdens abgesehen, sind die Aussichten für eine Verbrauchseinschränkung in Milliarden-Umfang folgende:

A. Die freiwillige Konsumbeschränkung an entbehrlichen Sachgütern und Dienstleistungen ist ein ethisches Postulat, dessen Befolgung um so volkswirtschaftlich wichtiger wird, je tiefer ein Volk in der Not steckt. Daß dieser Zustand für Deutschland in der Nachkriegsentwicklung erreicht ist, wird keiner bestreiten, außer vielleicht den Mitgliedern der alliierten Kommissionen, die das Leben Deutschlands von den Klubsesseln der Luxushotels in Berlin und München aus beurteilen. Wird dieses ethische Postulat von den breiten Volksschichten erfüllt, ist ein freiwilliger Verzicht auf zusätzliche Lebensgenußgüter als allgemeine Erscheinung zu erwarten? Meines Erachtens muß diese Frage glatt verneint werden [1]). Mit Absicht wurde bei der Erörterung des

[1]) Daß manche sich freiwillig einschränken (d. h. obwohl ihr Einkommen den Genuß gestatten würde), braucht nicht bestritten zu werden.

paneuropäischen Wiederaufbauproblems und des allgemeinen Charakters des Reparationsproblems darauf hingewiesen, daß es sich um ein psychologisches, ein ethisches, ein moralisches Problem handelt. Die Erfüllung der ethischen Forderung einer weitgehenden Konsumeinschränkung scheitert an der Tatsache der allgemein-europäischen moralischen Degeneration einerseits und der besonderen psychologischen Einstellung des reparationsbelasteten Volkes andererseits. Deutschland hat eine Revolution gehabt, als deren Erfolg ihm Freiheit und Brot versprochen wurde. Statt dessen erlebt es außenpolitische Knechtung über den Vertrag von Versailles hinaus bezw. durch ihn sowie scharfe Ernährungskrisen. Die Aussichten auf Vernunft des Gegners sind gering. Das Bestehen der Nation steht auf dem Spiel, Krise auf Krise droht.

Die Genußsucht ist die verdammenswerte, aber natürliche [1]) Reaktion. Sie wird unterstützt durch die starken sozialen Gegensätze, die, objektiv vielleicht berechtigt, subjektiv in Mißgunst, Neid und dem Streben, es anderen gleichzutun, ausarten. „Reiche, Unternehmer, Kapitalisten, Zinswucherer mögen die Kosten des Bankrotts tragen“ [2]). „Fahren die Reichen Auto, wollen wir seidene Strümpfe tragen“ [3]). Die Masse denkt so, und der Massenkonsum entscheidet. Und neben diesen instinkthaften Trieben gibt es ja auch andere Motivierungen für Ablehnung einer freiwilligen Einschränkung, die weniger verurteilenswert erscheinen: Da die lebensnotwendigen Güter zum Teil höher im Preise stehen als reine Genußgüter, so ruft der erzwungene Verzicht auf notwendigstes (z. B. Fleisch, Butter, Heizung) das Bedürfnis nach anderen an sich entbehrlichen Gütern hervor (Zigarette [4]), Kino). Oder ein Familienvater überlegt, daß ein nicht dringend nötiger Anzug eine bessere Verwendung für zurzeit überschüssiges Geld sei, als das sinnlose Hinlegen sich entwertender Papiernoten, und daß überhaupt ein Sparen wertlos sei, weil es dem Gläubiger des Volkes zugute komme [5]).

Die Existenz aller dieser psychologischen Einstellungen,

---

[1]) Vgl. den Seidenbandverbrauch während der mexikanischen Wirren (Verh. S. K. I, S. 177, Frowein).

[2]) Potthoff: Die Bedeutung des Haushalts in der Volkswirtschaft, 1921, S. 12—13. — Man darf den großen Einfluß dieses Gedankengangs trotz seiner Sinnlosigkeit nicht unterschätzen.

[3]) Wiedfeldt in: „Die Wirkungen des Londoner Ultimatums“, Aug. 1921, S. 16.

[4]) Im Felde konnte der Verf. die Beobachtung machen, daß das Rauchen gleicherweise ein Mittel gegen Ungeziefer, Müdigkeit, Kälte und Hunger war.

[5]) Diese volkstümliche Ausdrucksweise, die gar nicht volkswirtschaftlich gemeint ist, sondern auf die Steuerbelastung des Vermögenszuwachses u. ä. abzielt, trifft in Wirklichkeit den Nagel auf den Kopf. Die volkswirtschaftliche Form des Sparens ist die Erzielung eines Produktionsüberschusses, d. h. jährlichen Vermögenszuwachses und dies Ersparte ist und bleibt der einzige Fonds, aus dem Reparationen auf die Dauer geleistet werden können.

mögen sie verurteilt werden oder nicht, hat die Wirkung, daß ein freiwilliger Verzicht auf zusätzlichen Konsum nicht erwartet werden kann. Es fragt sich nun, ob und wie und in welchem wahrscheinlichen Umfange ein Verzicht erzwungen werden kann.

B. Als Zwangsmittel kommen in Frage: einmal staatliche Verbote oder Prohibitivbesteuerung, zum zweiten der Faktor der Not, d. h. die Verminderung des Einkommens im Verhältnis zu den Preisen, Herabdrückung des Realeinkommens. Wie steht es mit der Wirksamkeit dieser Zwangsmittel?

1. So einig man sich in Wirtschaftsparlament [1]), Gewerkschaften [2]) und Presse über die grundsätzliche Berechtigung und Notwendigkeit staatlicher Zwangsmittel ist, so verschiedener Ansicht kann man über den Erfolg sein. Die Verhandlungen der Sozialisierungskommission über die Reparationsfrage geben davon ein gutes Abbild. Dietzel [3]) und Georg Bernhard [4]) hielten z. B. eine Prohibitivbesteuerung für unausreichend, zumal bei Massenkonsumgütern (Tabak, Alkohol) eine Einrechnung ins Existenzminimum zu befürchten wäre, während einige Führer des Wirtschaftslebens den Fehlschlag jeden Konsumverbotes voraussagten, weil es teils umgangen würde (B.: Alkoholverbot in den Vereinigten Staaten), teils aus psychologischen Gründen zu einer Arbeitsverringerung führen würde (Kraemer [5]) und Geh. Rat Duisburg [6])).

Ich bin der Ansicht, daß sowohl ein striktes Verbot wie auch eine Prohibitivbesteuerung, etwa auf Tabak, Alkohol, Luxuswäsche, Vergnügungsstätten u. ä., trotz Umgehung bezw. Überwälzung zwar eine Einschränkung herbeiführen würde, aber daß die Erfolge wesentlich zu Buche schlagen, ist nicht zu erwarten. Ein wirklicher Erfolg solcher Mittel setzt jahrelange Erziehung des Volkes zur Mäßigkeit voraus, und diese trug im Frieden in Deutschland restriktiven, kaum aber in großem Umfang präventiven Charakter. Die psychologischen Motive, die einem freiwilligen Verzicht entgegenstehen, würden auch den Widerstand gegen staatliche Eingriffe befruchten.

2. Der Faktor der Not ist der einzige unumgängliche Zwang zur Konsumeinschränkung. Wenn mein Einkommen das Existenzminimum nicht überschreitet, ich ferner keinen Kredit

---

[1]) Vgl. Entschließung des ver. wirtschaftspol. und Reparationsausschusses des RWR am 29. Aug. 1922, DAZ vom 2. Sept. 1922, Nr. 383/4.

[2]) Vgl. z. B. die recht weitgehenden Forderungen der Gewerkschaften zur Bekämpfung der Teuerung, vom Aug. 1922 (DAZ Nr. 372 und Nr. 373 vom 25. und 26. Aug. 1922), z. B. Anregung eines Verbotes des Alkoholgenusses und der Buttererzeugung, Einschränkung der Bierbrauerei. Die Ausführung der Vorschläge erfolgte nicht.

[3]) Verh. S. K. I, S. 86.

[4]) Verh. S. K. I, S. 88/89.

[5]) Verh. S. K. I, S. 96.

[6]) Verh. S. K. I, S. 100.

habe und nicht zu unlauteren Mitteln greife, dann ist mir die Befriedigung aller über die einfache Lebensfristung hinausgehenden Bedürfnisse versagt. Die Herabdrückung der Realeinkommen auf das Existenzminimum ist das einzige wirkliche Mittel, die Konsumbeschränkung zu erzwingen. Dieses Mittel ist bereits in weiten Schichten des deutschen Volkes wirksam geworden. Die Verringerung der Lebenshaltung hat für viele ein Stadium erreicht, das an Hungersnot grenzt (Kleinrentner). Andere Schichten, die im Frieden kulturelle Bedürfnisse befriedigen konnten, sind auf ein Existenzminimum herabgedrückt, das zwar noch die Befriedigung allernotwendigster Bedürfnisse gestattet, aber die Erhaltung der Körperkraft in vollem Umfange nicht mehr ermöglicht (Mittelstand, Kleingewerbe, freie Berufe, verheiratete Arbeiter mit unmündigen Kindern usw.).

Die noch oberhalb des Existenzminimums stehenden Volksangehörigen (industrielle und landwirtschaftliche Unternehmer, Händler, leitende Angestellte und hohe Beamte, jugendliche unverheiratete Arbeiter) werden sich mit aller Gewalt dagegen wehren, daß auf ihre Bedürfnisbefriedigung der Faktor der Not einen Einfluß gewinnt, und ihr Widerstand wird sich durchsetzen [1]). Der Unternehmergewinn, einschließlich der relativ hohen Bezahlung für leitende Funktionäre, gehört so eng zum Wesen der modernen volkswirtschaftlichen Produktion, daß ein Übergreifen des Faktors der Not auf diese sozialen Schichten (z. B. auch den Bauernstand) die Grundfesten erschüttern würde und damit den Vorteilen eingeschränkter Konsumtion potenzierte Nachteile gegenüberstünden.

Also mit dem Faktor der Not ist ebenfalls nicht zu rechnen. Soweit sein Einfluß sich schon geltend gemacht hat, war die dadurch erzwungene Ver- oder Gebrauchsbeschränkung eine Folge der Verarmung Deutschlands, und sie wird wohl noch lange eine Folge bleiben. Daß sie darüber hinaus Mittel für die Erzielung eines Produktionsüberschusses werden kann, erscheint ausgeschlossen.

Gewiß können die Schichten, die noch über dem Existenzminimum stehen, ihren Konsum an entbehrlichen Gütern und Dienstleistungen einschränken (diese Forderung muß besonders an die jugendlichen, unverheirateten Arbeiter, Angestellten und Beamten gerichtet werden [2]), aber freiwillig werden sie es kaum

[1]) Es ist der schlimmste Fehler der nachrevolutionären gewerkschaftlichen Lohnpolitik, daß diese Kräfte verhältnismäßig zu hoch bezahlt werden und die Lohn- oder Gehaltsunterschiede zwischen ungelernten und gelernten, jüngeren und älteren Kräften so lächerlich gering sind. Die Gewerkschaften sind in der gegebenen gegenwärtigen Lage die einzigen, die eine vernünftige Richtigstellung durchdrücken können.

[2]) Typisches B. entbehrlichen Verbrauchs: Das Mitmachen jeder Hutmode (vgl. Verh. S. K. I, S. 777, Geh. Rat Beukenberg).

oder nur ausnahmsweise tun, und die Zwangsmittel des Staates (Verbote, Besteuerung) versagen.

III. Zusammenfassung.

Die Hindernisse, die sich einer zu Buche schlagenden weiteren Verminderung der Konsumtion von im Inland hergestellten entbehrlichen Gütern entgegenstellen, sind folgende:

1. Schwierigkeiten der Umstellung der Produktionsbetriebe und Arbeitskräfte,
2. das Streben nach Lebensgenuß als paneuropäische Erscheinung,
3 die Ohnmacht des Staates,
4. die volkswirtschaftliche Gefahr einer weiteren Ausdehnung der Not.

§ 19. c) Die Einschränkung der Konsumtion von Importgütern.

Die Einteilung der Arten der Konsumtion von Importgütern und der Zwangsmittel für die Einschränkung ist die gleiche wie für die Konsumtion von Gütern inländischer Produktion [1]. Wenn die Importkonsumtion trotzdem eine besondere Untersuchung erfährt, so liegt das daran, daß die Hindernisse und Möglichkeiten einer Importeinschränkung einen zum Teil abweichenden Charakter haben und auf anderen Ursachen beruhen.

I. An welchen Arten kann gespart werden?

Die erste Frage lautet wieder, an welchen Importarten ohne Schaden für die Volkswirtschaft gespart werden kann.

A. Die Einfuhr zu Zwecken der Produktion ist volkswirtschaftlich so notwendig, daß eine absichtliche Verminderung grundsätzlich abzulehnen ist. Wenn ein Land nicht genug Dünger hat für die landwirtschaftliche Produktion oder die Herstellungskosten im Inland höhere sind, dann ist beispielsweise die Einfuhr von Chilesalpeter Lebensnotwendigkeit. Oder es hat Rohstoffe nötig für seine Textilproduktion, dann muß es eben Rohbaumwolle oder Rohwolle einführen, und der Import Deutschlands wies in der Vorkriegszeit tatsächlich an hervorragender Stelle eine Anzahl solcher Produktionsstoffe auf. Die Einfuhr zu Zwecken der Produktion — hierin liegt schon die begriffliche Ausschaltung der Fertigfabrikateinfuhr — ist also eine Art der Einfuhr, die volkswirtschaftlich notwendig ist, wenn anders nicht der Gesamtertrag der Produktion zum Sinken gebracht werden soll. Aber ähnlich wie bei der Konsumtion der im Inland erzeugten Güter sind auch hier zwei Einschränkungen zu machen:

---

[1]) Vgl. § 17. — Es wird daran erinnert, daß die in § 18 und § 19 behandelten Kategorien der Konsumtion K 1 a) und K 2 a) nicht die einzigen Verbrauchskategorien sind, wohl aber die hervorstechendsten. Vgl. oben § 14.

1. Was dort über die Rationalisierung der Produktion (von der Verbrauchsseite aus gesehen) gesagt worden ist, gilt auch hier singgemäß. Die Rationalisierung des Imports ist eine wichtige Spezialaufgabe des deutschen Großhandels. Sie hat zwei Seiten: erstens den rationellen Bezug (z. B. Konjunkturausnutzung, bessere Handelsberichterstattung) und zweitens die rationelle Verwendung. Letztere fällt mit der Frage der allgemeinen organisatorischen oder arbeitstechnischen Ersparungen im Produktionsprozesse zusammen. Die Rationalisierung des Bezugs ist eine Frage des allgemeinen Wiederaufbaus der deutschen überseeischen Verbindungen, die durch den Versailler Vertrag gründlich zerstört worden sind. In den nächsten Jahren werden die Anstrengungen noch keine erheblichen Ergebnisse haben.

2. Die zweite Einschränkung betrifft die Einfuhr von Produktivgütern zur Luxusproduktion, z. B. Rohseide, Tabakblätter. Hier ist die Verminderung der Einfuhr grundsätzlich möglich ohne Schädigung der Volkswirtschaft, allerdings ergibt sich wie bei jeder Einschränkung der Luxusproduktion die Schwierigkeit, die freiwerdenden inländischen Produktionsmittel und Arbeitskräfte anderweitig nutzbringend unterzubringen. Will man diesen Schwierigkeiten aus dem Wege gehen, also die Einfuhr von Rohstoffen für die Luxusproduktion nicht unterbinden, so besteht die Möglichkeit, die Luxuserzeugnisse nur ins Ausland abzusetzen, als einziger Ausweg [1]). Die Bedingungen dafür — einmal der Ausfall der heimischen Nachfrage und zum zweiten die Aufnahmefähigkeit des Weltmarktes — sind aber so schwer erfüllbar, daß von einem wesentlichen Ergebnis für die Produktionsbilanz nicht die Rede sein kann.

B. Die Beschränkung der Einfuhr zu sofortigen Genußzwecken unterliegt je nach der Notwendigkeit der Bedürfnisbefriedigung einer unterschiedlichen Beurteilung: Bei der Einfuhr bestehen weniger Schwierigkeiten, die Importgüter nach notwendigen und entbehrlichen zu trennen. Die Not des Volkes gibt die Berechtigung zu einer scharfen Zweiteilung in lebensnotwendige Importgenußgüter einerseits und alle anderen (einschließlich der für relativ notwendige Kulturbedürfnisse bestimmten) andererseits. Was über die physisch notwendigen Mittel der Wärmestoffzuführung, Wärmestofferhaltung und Verhinderung der Wärmestoffentziehung hinausgeht, ist „entbehrlich".

1. Der Import lebensnotwendiger Güter, z. B. von Weizen, Gerste, Häuten, Eiern, Fetten, Reis, ist eine Kategorie, an der ebensowenig gespart werden kann wie an dem Konsum von lebensnotwendigen Gütern, die im Inland hergestellt sind. Soweit die

---

[1]) Vgl. z. B. die Verhandlungen im wirtschaftspolitischen Ausschuß des Reichswirtschaftsrats Mitte September 1922, die die Zollerhöhungen für Tabak zum Gegenstande hatten. (DAZ Nr. 403/4 vom 21. 9. 22).

inländische Produktion für die Bedarfsbefriedigung nicht ausreicht, hat diese Einfuhr die Bedeutung, die physische Existenz des Volkes zu ermöglichen. Eine Verminderung dieser Einfuhr unter der täuschenden Parole einer Erzielung eines Produktionsüberschusses würde die Tat eines Schuldners darstellen, der, um einen Bruchteil seiner Schuld zu bezahlen, sich dem Hunger- oder Erfrierungstode preisgibt.

2. Ebenso kategorisch kann festgestellt werden, daß der Import aller sonstigen (entbehrlichen) Güter (typisches Beispiel: englische Zigaretten, französische Kosmetika, ausländische Liköre und Früchte, Kaviar [1]) grundsätzlich auf Null beschränkt werden kann, ohne volkswirtschaftlichen Schaden. Die Umstellung des bisher mit dieser Einfuhr beschäftigt gewesenen Großhandels ist — im Gegensatz zu der erwähnten Umstellung der verarbeitenden Industrie — keine so große Schwierigkeit. Denn es liegt im Wesen des modernen Handelsherrn und des kaufmännischen Apparates, daß eine Verschiebung des Handelsobjektes unschwer vor sich gehen kann.

II. Die Aussichten der freiwilligen und erzwungenen Einschränkung.

Kurz zusammengefaßt, ist eine für die Produktionsbilanz günstige Importbeschränkung denkbar:

A. an Produktivgütern
   1. durch rationellere Bezugsorganisation oder Verwendung im Verarbeitungsprozeß (d. i. Kostenersparnis ohne Minderung des Produktionsergebnisses). Ein zahlenmäßig zu Buche schlagender Erfolg ist für die nächsten Jahre nicht anzunehmen.
   2. durch Umstellung der verarbeitenden Produktion: notwendige statt der Luxusproduktion fürs Inland.

B. an Genußgütern: durch Verzicht auf alle entbehrlichen Genußgüter.

Der gemeinsame Regulator für die Kategorien A 2 und B ist, wie bei dem Verbrauch von im Inland erzeugten Gütern, die Nachfrage, aber das Wirksamwerden unterliegt hier geringeren Schwierigkeiten. Der Ausfall der Nachfrage erfordert hier in ungleich geringerem Maße eine Umstellung der Produktion. Denn für die einheimische Produktionsbilanz kommt es nur auf die im Inland brachgelegten Kräfte an, und der Ausfall der Nachfrage nach Importgenußgütern (die in ihrem Einfuhrzustand verbraucht werden) und auch den Genußgütern, die aus importierten Produktivgütern hergestellt sind, trifft vor allem die ausländischen

---

[1]) Die Forderungen der Gewerkschaften im August 3922 zur Bekämpfung der Teuerung nennen unter Ziffer I 1. als Luxusimportartikel: Zigarren, Zigaretten, Tabake, Bier, Tee, Schokolade, Pelze und Seide, mit Vorbehalt Kaffee (DAZ v. 25. 8. 1922, Nr. 372).

Produzenten. Der Anteil des Inlands an den Importgenußgütern (die Tätigkeit des Importhandels) ist, wie bereits hervorgehoben, unschwer durch Wechsel des Handelsobjektes ersetzbar, und auf die Luxusindustrien, die Importproduktivgüter verarbeiten oder benutzen, dürfte — ganz abgesehen von dem möglichen Wechsel des Absatzes: Absatz ans Ausland oder an im Inlande sich aufhaltende Ausländer statt des Inlandsabsatzes — im Vergleich zu dem möglichen Gesamtausfall der Nachfrage nur ein geringer Prozentsatz entfallen: der volkswirtschaftliche Schaden wäre jedenfalls gering.

Inwieweit ist nun eine freiwillige Einschränkung zu erwarten und welcher Erfolg ist mit den vorhandenen Zwangsmitteln zu erzielen?

A. Mit einer freiwilligen Beschränkung der Konsumtion von Importgütern zu rechnen, wäre ein Irrtum, der auf der Verkennung psychologischer Tatsachen im Triebleben des Menschen beruht. Wer das Einkommen dazu hat, raucht Havannazigarren, trinkt ungarischen Wein, benutzt französische Kosmetika. Es ist dasselbe wie mit dem Verbrauch von im Inland erzeugten Gütern: daß ein freiwilliger Verzicht von moralisch hochstehenden Leuten vorkommt, ist unbestreitbar, aber zu einer Massenerscheinung mit bedeutender ziffernmäßiger Wirkung wird dieser Vorgang nicht werden. Dies mag Anlaß geben zu einem bitteren Urteil über das Verhalten eines Volkes in höchster Not und von bedauerlicher Unmoral zeugen — die Tatsache, daß die natürlichen Triebkräfte gegen eine freiwillige Verminderung entbehrlichen Imports gerichtet sind, kann nicht bezweifelt werden, und sie mußte in diesem Zusammenhang konstatiert werden.

B. Welche Aussichten bestehen demgegenüber für eine zwangsweise Verminderung der Einfuhr? Eine Importeinschränkung kann einerseits durch Einfuhrverbote oder Prohibitivzölle, andererseits durch die Schwächung der Kaufkraft erzwungen werden.

1. Es liegt im Wesen der Einfuhr, daß ihre Unterbindung durch Verbote oder Prohibitivzölle leichter bewerkstelligt werden kann, als die Unterbindung heimischer Luxusproduktion oder Luxuskonsumtion durch Produktions- oder Konsumverbote. Der Staat hat in seiner Zollorganisation ein Mittel, die Anwendung entsprechender Gesetze zu sichern. Man braucht den Schmuggel nicht grade für einen seltenen Ausnahmefall zu halten und wird doch zugeben, daß er einen gewissen kleinen Bruchteil des offiziellen Imports nicht überschreitet, wenigstens nicht in Zeiten normaler Grenzaufsicht. Allerdings hat der Versailler Vertrag sehr störend in die bisherige Engmaschigkeit der Zollgrenze eingegriffen. Die zeitweise Abschließung der besetzten Gebiete mit

neuen Zollmauern hat in die ganze Organisation eine Verwirrung gebracht, die den illegalen Import begünstigte. Es hat zwei Jahre gedauert, ehe das „Loch im Westen" wenigstens einigermaßen den Charakter als unbeaufsichtigtes Grenzgebiet verlor. Was für die künftige Entwicklung an unliebsamen Überraschungen uns noch bevorstehen kann, zeigt der neue Eingriff der Franzosen in die Zollautonomie Deutschlands, anläßlich des Ruhreinfalls.

Aber von solchen unberechenbaren Faktoren abgesehen, kann der Staat tatsächlich die Einfuhr überflüssiger Güter sperren. Der echte Prohibitivzoll kommt dem Verbote gleich, so daß wir beide Maßregeln einheitlich betrachten können. Welches sind die Wirkungen? Wir unterstellen, daß die völlige Abschneidung entbehrlichen Imports eintritt; es werden z. B. keine Zitronen, kein Kaffee mehr eingeführt. Dies bedeutet zweifellos einen Beitrag zur Erzielung eines Produktionsüberschusses bezw. Ausgleichung des Produktionsdefizits. Aber dieser günstigen Wirkung steht eine andere gegenüber, die die erste illusorisch macht: wenn sich auch der inländische Konsument mit der Abschneidung der Einfuhr zufrieden geben würde, die staatliche formelle Autonomie für Prohibitivzölle und Einfuhrverbote scheitert an dem den Weltmarkt zurzeit besonders beherrschenden Prinzip: emo, ut emas. Was nützt dem Staat eine Abschneidung entbehrlicher Einfuhr. wenn der davon betroffene Staat, sei es aus Retorsionsgründen, sei es ebenfalls aus wirtschaftlicher Notlage heraus darauf mit gleichen Mitteln antwortet?! Die daraus entstehende Bedrohung der Absatzfähigkeit für die eigenen Produkte löscht den volkswirtschaftlichen Gewinn der Einfuhrbeschränkung aus, so daß sich eine aktive Einfuhrverbotspolitik so gut wie verbietet. Und das System der gewöhnlichen Zollerhöhung, zu dem Deutschland bei Vermeidung von direkten Verboten und Prohibitivzöllen übergehen mußte[1]), ist jedenfalls eine Halbheit. Die betreffenden Produzentenstaaten erwidern die Maßnahmen ebenfalls mit Zollerhöhungen — also was der Staat durch die Zölle direkt für seine Finanzen einbringt, verliert die exportierende Industrie, und das eigentliche volkswirtschaftliche Ziel: Einschränkung der Konsumtion entbehrlicher Importgüter wird zudem auf diese Weise nicht erreicht, es sei denn, daß ein anderer Faktor, der Mangel an Kaufkraft, in der einheimischen Volkswirtschaft in Erscheinung tritt.

2. Die Bedeutung dieses Faktors wurde schon bei der Erörterung der Valutazersprengung berührt[2]). Sie besteht darin, daß der einheimische Konsument, der zum großen Teil ein nicht

---

[1]) Vgl. die Mitteilungen Geh. Rat Trendelenburgs vor der Sozialisierungskommission. Verh. II, S. 367 ff.

[2]) Siehe oben § 16.

einmal der inneren Geldentwertung angepaßtes Einkommen hat, noch viel weniger in der Lage ist, für Importgüter die Preise, die, der äußeren Geldentwertung (der potentiellen Valutaschwäche) entsprechen, bezahlen zu können. Dieser Faktor der Not, das grundsätzlich einzige Mittel, den Konsum einzuschränken, wirkt sich aber gerade bei dem Import aus, der volkswirtschaftlich notwendig ist: ausländisches Getreide u. ä. [1]) werden nicht in dem benötigten Maße eingeführt. Dies bedeutet nur scheinbar eine Ersparnis für die Produktionsbilanz: die Folgen für die Produktion künftiger Jahre werden sich zeigen, eine unterernährte und -erwärmte Bevölkerung ist unfähig zu dauernden Höchstleistungen.

Dem Luxusimport gegenüber aber versagt der Faktor der Not. Die Schichten, die die Gegenleistung für den notwendigsten Import nicht aufbringen können, haben schon zwangsläufig auf den entbehrlichen Import verzichtet, die anderen Schichten aber (Unternehmer usw.) unterstehen diesem Faktor der Not nicht und dürfen ihm, wofern die schöpferische Kraft der Volkswirtschaft erhalten bleiben soll, auch nicht anheimfallen. Daß von dieser Forderung die Schicht der noch Luxusbedürfnisse befriedigenden jugendlichen Arbeiter usw. ausgenommen werden muß, wurde schon in parallelem Zusammenhang betont [2]). Allerdings werden die politischen Widerstände gegenüber einer in dieser Richtung vernünftigeren Lohnpolitik in Zeiten sozialer Beunruhigung, wie sie ganz Europa erlebt, sehr scharf sein, und ein zu Buche schlagendes Ergebnis für die Gesamtbilanz kann daraus vorderhand nicht erwartet werden.

III. Zusammenfassung: Die Hindernisse, die der Verminderung des Importkonsums entgegenstehen, sind folgende:

1. Schwierigkeiten der Umstellung der Produktionsbetriebe, die mit Importgütern arbeiten (allerdings hier bedeutend verringert);
2. das Streben nach Lebensgenuß als paneuropäische Erscheinung;
3. die Abhängigkeit des Staats von dem emo, ut emas = Prinzip;
4. der Faktor der Not bezw. die Wirkung der potenzierten Valutaschwäche ist schon in gefährlichem Umfang in Erscheinung getreten.

---

[1]) Trotz der geschmälerten Ernährungsbasis sank die Einfuhr an Weizen von ca. 25½ Mill. dz (1913) auf ca. 14 Mill. dz (1922), an Malzgerste, Futtergerste und Hafer von ca. 37½ Mill. dz (1913) auf ca. 3½ Mill. dz (1922), an Kartoffeln von ca. 4,0 Mill. dz (1913) auf ca. 1½ Mill. dz (1922), an Reis von ca. 4,8 Mill. dz (1913) auf ca. 1,9 Mill. dz (1922). Vgl. Wirtschaft und Statistik, Heft 3–4, 1923. S. 88.

[2]) Siehe oben § 18.

§ 20. d) Allgemeines Ergebnis für die Frage der Erfüllbarkeit und die Erfüllungspolitik.

Der Ausgangspunkt für die Untersuchung über die Möglichkeiten und Hemmnisse einer Konsumverminderung war die Überlegung gewesen, daß zur Erzielung eines Produktionsüberschusses als des alleinigen Fonds für Reparationsleistungen nur zwei Möglichkeiten vorhanden sind: Erhöhung der Produktion im weitesten Sinne und Minderung der Konsumtion im weitesten Sinne. Die Erörterung des zweiten dieser Faktoren wurde aus Gründen der Zweckmäßigkeit zuerst erledigt. Von den (in § 14) systematisch entwickelten sechs Konsumtionskategorien sind die beiden wichtigsten auf die Aussichten und Hemmnisse einer Verminderung untersucht worden, und das Ergebnis, das unbedenklich auf die ausgeschalteten Kategorien ausgedehnt werden kann, ist trübe.

Die Verminderung, die bei dieser oder jener Unterart der Konsumtion insbesondere in Zeiten der Not hohes ethisches Postulat ist, scheitert vor allem an allgemein weltwirtschaftlichen Erscheinungen (jede Absatzkrisis führt zu einer starken Betonung des emo, ut emas-Prinzips) und den Einflüssen der paneuropäischen Zerrüttung (Genußsucht). Demgegenüber ist der Staat trotz formeller Macht ohnmächtig. Dazu tritt die Bedrohung des Wirksamwerdens etwaiger wirklich erreichter Einschränkungen durch die Brachlegung der bisher in Anspruch genommenen Produktionskräfte und vor allem aber die Tatsache, daß die durch den Faktor der Not erzwungene Verbrauchseinschränkung sich schon grade an der volkswirtschaftlich gefährlichsten Stelle ausgewirkt hat: dem Konsum lebensnotwendiger Güter für Ernährung und Erwärmung. Nach der deutschen Denkschrift vom März 1921: „Die wirtschaftlichen Wirkungen der Pariser Beschlüsse“ [1]) betrug der Kopfverbrauch für 1920 an Fleisch: etwa 20 kg (gegen 52 kg 1913), an Mehl: 83 kg (gegen 125 kg), an Zucker: 14,1 kg (gegen 19,2 kg), an Baumwolle: 2,3 kg (gegen 7,2 kg), an Wolle: 1,0 kg (gegen 2,2 kg), an Steinkohle: 1770 kg gegen 2370 kg. In Preußen betrug 1921 der Gesamtfleischverbrauch pro Kopf [2]): 33,1 kg gegen 49,0 kg (1913), das bedeutet einen Minderverbrauch um 32,5 %. Für Brotgetreide lauten die entsprechenden Ziffern: 181 kg (Erntejahr 1921/23) gegen 249 kg (1913—14), für Kartoffeln 340 kg gegen 700 kg. Rückgang: um 27 % bezw. 51 %. Hierzu muß man noch in Betracht ziehen, daß ein erheblicher (statistisch nicht feststellbarer) Teil des Verbrauchs auf die Aus-

[1]) In der Sammlung von Aktenstücken über die Verhandlungen auf der Konferenz zu London vom 1. bis 7. März 1921, Reichstagsdrucksache Nr. 1640, 1920/21, S. 29—39.

[2]) „Denkschrift Wirtschaftslage“ 1923, S. 31—32.

länder in Deutschland entfällt, auf die Kontrollkommissionen, Besatzungstruppen, offen und heimlich Zugewanderten usw. Nach neueren Berechnungen Ökonomierats Fr. Keiser entfallen 1923 auf den Kopf der Bevölkerung in Deutschland nur 60—65 l Milch gegenüber 150 l im Frieden [1]).

Nicht der Sektverbrauch in den Vergnügungslokalen kann der Maßstab der allgemeinen Lage Deutschlands sein, sondern das Bild, das die Wochenmärkte bieten, sowie die überall aufflackernden Hungertumulte und das Aussehen der unterernährten Großstadtkinder. Gerade in den Großstädten, wo die Vergnügungsanzeigen das Auge überschwemmen, ist auf der anderen Seite das Elend eine Massenerscheinung geworden. Für Berlin hat Oberbürgermeister Böß Tatsachen und Zahlen zusammengestellt, die ein grelles Schlaglicht auf den allgemeinen Gesundheitszustand und insbesondere das Kinderelend werfen [2]). Die Tuberkulosesterblichkeit in den 6 Innenbezirken betrug 1922: 18,35 auf je 10 000, gegenüber 12,4 in Inner-London. In den Krankenhäusern mußte der durchschnittliche Wochenverbrauch gegenüber der Friedensverpflegung herabgesetzt werden bei Fleisch von 2200 g bis auf 790 g, bei Fett von 500—600 g (Butter) bis auf 420 g (keine Butter), bei Brot von 2800 g bis auf 2100 g, bei Milch von 7—10 l auf $^3/_4$ Liter. Die Berichte der Schulärzte und Schulschwestern stellen erschütternde Folgen der Unterernährung und mangelhaften Bekleidung der Großstadtjugend fest.

Es zeugt von völliger Unkenntnis der wirtschaftlichen und sozialen Lage und der psychologischen Zusammenhänge, wenn die wirtschaftliche Leistungsfähigkeit Deutschlands nach der Besuchsziffer der Bars beurteilt wird. Es geht Deutschland nicht deshalb schlecht, weil noch zuviel geschlemmt, gespielt und Luxus getrieben wird (wiewohl die Unterdrückung dieser Auswüchse natürlich von Vorteil für die Produktionsbilanz wäre), sondern der Zusammenhang ist der umgekehrte: weil es Deutschland schlecht geht, weil es ein Produktionsdefizit aufweist und weil es neben dem allgemeinen Anteil an dem paneuropäischen Wiederaufbau noch die besondere Last der Reparationsverpflichtungen trägt, treibt die Genußsucht nach außen hin tolle Blüten. Diese Blüten gehen in dem Maße ein, wie die Volkswirtschaft zu dem natürlichen Niveau einer ausgeglichenen Produktionsbilanz zurückkehrt und ein fester Geldwert die Spekulationswelle abebben läßt und den Sparsinn weckt.

Man darf die Versuche, hier und da einige Millionen Goldmark durch geschickte Konsumtionspolitik und Lohnpolitik zu

---

[1]) Fr. Keiser: Die Ernährungslage, 2 Art. in der DAZ Nr. 494 vom 24. 10. 23 und Nr. 496 vom 25. 10. 23 (Aufsatz I.).

[2]) „Die Not in Berlin", Zentralverlag, Berlin 1923 (31 S.) bes. S. 17, 19, 20 ff.

ersparen, gewiß nicht aufgeben (die erzieherische Wirkung ist das Wertvollste daran), aber einen bedeutenden Beitrag zu dem Fonds für Reparationsleistungen kann — in Hinblick auf die Milliardensumme des benötigten Produktionsüberschusses — die Konsumbeschränkung nicht ergeben. Das Deutschland von 1913 hätte seinen Verbrauch in großem Umfang beschränken können, das Deutschland von 1923 kann es nicht mehr. Wenn eine Erfüllungspolitik, sei es Deutschlands, sei es der Gegner, die große Masse des Volkes zu einer weiteren Verschlechterung der Lebenshaltung zwingt, so ist dies das sicherste Mittel, jede weitere Reparationsleistung zu unterbinden und kraft der weltwirtschaftlichen Zusammenhänge zwischen Exportproduktion und Kaufkraft den Wiederaufbau Europas zu verzögern.

Die Aufbringung der Reparationsleistungen steht und fällt also mit dem anderen Mittel zur Ausgleichung des Produktionsdefizits bezw. Erzielung eines Überschusses, nämlich der Erhöhung der Produktion, die Gegenstand des nächsten (letzten) Unterabschnittes ist.

3. Unterabschnitt. Die Produktionsfrage.

§ 21. a) Übersicht.

Die Untersuchung, welche Aussichten für die deutsche Volkswirtschaft bestehen, die Produktion zu erhöhen und damit das Produktionsdefizit auszugleichen und darüber hinaus einen Überschuß zu erzielen, erfordert noch mehr, als es bei der Erörterung der Verbrauchsfrage geschehen ist, eine klare Zerlegung in die einzelnen Arten der Produktion. Die meisten Arbeiten über das Verhältnis der deutschen Leistungsfähigkeit zu den Reparationsverpflichtungen vernachlässigen diese Forderung, indem einzelne bevorzugte Produktionszweige herausgegriffen werden, etwa Kohle, Eisen, Kali, Verkehrsmittel usw. Die Kohle, die für den Inlandsverbrauch produziert wird, bedeutet etwas ganz anderes als die für den Fremdbedarf hergestellte (d. h. durch Ausländer im Ausland oder Inland konsumierte), die für Produktionszwecke gewonnene Kohle hat eine andere volkswirtschaftliche Bedeutung als die für einen Genußverbrauch bestimmte. Die Essensbereitung in den Ausländerhotels unterscheidet sich nach dem Nutzen für die Produktionsbilanz sehr wesentlich von der Essensbereitung für Inländer. Wie sich jeder Konsumtionsvorgang in irgendeine der entwickelten Konsumtionskategorien unterbringen läßt, so muß auch ein System für die Produktionsvorgänge zugrundegelegt werden, damit man für jeden Produktionsvorgang die richtige volkswirtschaftliche Bedeutung erkennen kann.

Die Gliederung nach der volkswirtschaftlichen Zugehörigkeit

des Verbrauchers ist schon gegeben worden [1]). Von den Kategorien minderer Bedeutung abgesehen, bleiben für unsere Betrachtung übrig:

1. die Kategorie P 1 a): Produktion für eigenen Bedarf;
2. „ „ P 2 a): Produktion für Fremdbedarf im Inland;
3. „ „ P 2 b): Produktion für Fremdbedarf im Ausland (Export im gew. Sinne).

Alle Kategorien umfassen:

a) die Herstellung von zum **Verbrauch** bestimmten Sachgütern (**Verbrauch in einmaliger Bedürfnisbefriedigung** oder innerhalb des Wirtschaftsjahres);
b) die Herstellung von zum **Gebrauch** bestimmten Sachgütern (allmähliche Abnutzung in mehreren Wirtschaftsperioden);
c) die Dienstleistungen (Produktion und Konsumtion fallen zeitlich zusammen).

Ferner ist zu scheiden nach der Verwendung im Produktionsprozeß:

a) die Herstellung von Produktivgütern;
b) die Herstellung von Genußgütern (die also nicht mehr mit dem Produktionsprozeß in Berührung stehen).

Beide Arten zerfallen ihrerseits in Luxusgüter und solche, die dem notwendigen Verbrauch und Gebrauch oder der notwendigen Produktion dienen. Mit den Begriffen „Luxus..." und notwendig haben wir uns schon auseinandergesetzt [2]).

Die erste Frage lautet: Die Produktion welcher Kategorien kann überhaupt mit Nutzen für die Produktionsbilanz erhöht werden. An zweiter und dritter Stelle sind dann die Aussichten für die Aktivbefähigung der deutschen Volkswirtschaft (§ 23) und für die Passivbefähigung der Weltwirtschaft zu erörtern, beides vornehmlich unter dem Gesichtspunkt, welchen Einfluß der gute Wille des Staates haben kann.

Im Gegensatz zu der Anordnung in dem Abschnitt über die Konsumtionsfrage sollen aus Zweckmäßigkeitsgründen nicht jede der drei Kategorien P 1 a), P 2 a) und P 2 b) gleich auf alle drei gestellten Fragen hin untersucht werden, sondern die einzelne Frage soll zusammenhängend gleich für alle Kategorien beantwortet werden. Dadurch werden Wiederholungen, die bei jeder Einteilung nach verschiedenen Prinzipien durch die jeweilige Kombinierung unumgänglich sind, nach Möglichkeit vermieden und eher Gelegenheiten zur Zusammenfassung gegeben.

---

[1]) Vgl. oben § 14.
[2]) Siehe oben § 18.

§ 22. b) Die grundsätzliche Bedeutung der einzelnen Kategorien für die Produktionsüberschußerzielung.

Die Forderung einer Erhöhung, d. h. einer Vermehrung oder Verbesserung der Gesamtproduktion zwecks Steigerung des Gesamtwertes bedeutet weder, daß überhaupt jede Kategorie der Produktion erhöht werden müßte, noch daß die Erhöhung in den einzelnen Fällen von gleichem Nutzen ist. Vielmehr liegt folgende Unterschiedlichkeit vor:

I. Die Erhöhung der Produktion für eigenen Bedarf.

Die Erhöhung der Produktion für eigenen Bedarf bedeutet logisch an sich auch eine Vermehrung der Konsumtion, nämlich der Konsumtion von Gütern eigener Produktion (§ 18). Das ergibt sich aus der Begriffsbestimmung „für eigenen Bedarf". Da aber die Konsumtion sich zum großen Teil nicht während des Wirtschaftsjahres der Herstellung vollzieht, so braucht mit der Erhöhung dieser Produktion nicht notwendig eine gleiche Erhöhung der Konsumtion Hand in Hand gehen. Im einzelnen besteht folgender Zusammenhang:

A. Erhöhte Produktion von zum Verbrauch bestimmten oder gelangenden Sachgütern bedeutet einen um den absolut gleichen Betrag erhöhten Verbrauch. Ein unmittelbarer Beitrag für einen Produktionsüberschuß kommt nicht in Frage. Ein mittelbarer Nutzen ist allerdings nach zwei Seiten gegeben:

1. Es kann durch erhöhte Produktion von Verbrauchsgütern zu Produktions- (B.: Industriekohle) oder Genußzwecken (B.: Hausbrand) die Einfuhr notwendiger Güter entbehrlich gemacht werden. Der Erfolg für die Erzielung eines Produktionsüberschusses wäre ein hochprozentiger, da in Zeiten potentieller Valutaschwäche der überwiegende Teil des Imports gegenüber der heimischen Produktion teurer ist. Neue Produktionszweige aus der Erde zu stampfen, ist natürlich eine Aufgabe, deren Erfolg vorläufig nicht zu Buche schlagen kann, aber die Erhöhung bestehender Produktion (Hauptbeispiel: Kohle und Getreide) kann von großem Vorteil sein [1]).

2. Die vermehrte Produktion lebensnotwendiger Güter (B.: Brot, Kartoffeln, Kohle), die es der breiten Masse ermöglichen würde, die Unterernährung der Kriegs- und Nachkriegsjahre auszugleichen, käme durch den Einfluß auf die Entwicklung der körperlichen und geistigen Kräfte in dem Produktionsergebnis späterer Jahre in erheblichem Umfange günstig zur Geltung.

---

[1]) Die Entbehrlichmachung des Imports würde z. B. bei Kohle von besonderer Bedeutung sein. So mußte z. B. 1922 für rd. 225 Mill. GM. englische Kohle nach Deutschland eingeführt werden (rd. 8,5 Mill. t). Vgl. Hans Spethmann: Der Einzug englischer Kohle, DAZ vom 25. Jan. 1923, Nr. 38/39.

In diesen beiden Richtungen liegt also trotz zu gleicher Zeit steigenden Verbrauchs der Vorteil erhöhter Produktion von Verbrauchsgütern.

B. Erhöhte Produktion von zum Gebrauch (während mehrerer Wirtschaftsjahre) bestimmten Sachgütern bedeutet in dem Maße einen Beitrag zur Produktionsüberschußerzielung, als der Gebrauch auf künftige Wirtschaftsperioden hinausgeschoben wird. Dies kann dadurch geschehen, daß eine Verwendung überhaupt noch nicht erfolgt (Vorratsaufspeicherung beim Produzenten und Konsumenten) oder daß die Abnutzungsquote möglichst gering gehalten wird, etwa bei Maschinen, Gebrauchsmöbeln, seidenen Strümpfen. Aus diesen wenigen Beispielen geht schon hervor, daß auch der erhöhten Herstellung von Gebrauchsgütern keine einheitliche Bedeutung zukommt, sondern diese Bedeutung noch verschieden ist nach der Stellung im Produktionsprozeß einerseits und der Dringlichkeit der Bedarfsbefriedigung andererseits.

1. Die Erhöhung der Produktion an Produktiv-Gebrauchsgütern, die also weiterer Produktion dienen sollen, ist immer dann von volkswirtschaftlichem Werte, wenn sich die spätere Verwendung auf notwendige (einschließlich Export-), nicht aber Luxusproduktion erstreckt. B.: für schädliche Produktionserhöhung: Mehrerzeugung von Geschäftseinrichtungen großstädtischer Likörstuben.

2. Die Erhöhung der Produktion an Genuß-Gebrauchsgütern ist auch nach dem Zweck oder der Dringlichkeit der Konsumtion verschieden zu beurteilen. Handelt es sich um notwendige Gebrauchsgüter (z. B. Gebrauchsmöbel, Öfen, Anzüge), so ist für die Erhöhung der Produktion einzutreten. Anders, wenn die hergestellten Güter dem Luxusgenuß dienen (B.: Klubsessel, seidene Strümpfe, Bernstein-Zigarettenspitzen u. ä.). Hier liegt der größere volkswirtschaftliche Nutzen in dem völligen Verzicht auf solche Mehrproduktion und nicht in einer bloßen Herabsetzung des jährlichen Abnutzungsquotienten.

Also die Mehrproduktion von Gebrauchsgütern für den Inlandsbedarf ist dann von volkswirtschaftlichem Vorteil, wenn sie sich auf Güter erstreckt, die der notwendigen oder Exportproduktion oder der lebensnotwendigen Konsumtion dienen. Je kleiner der jährliche Abnutzungsquotient ist, um so besser. Für die Produktivmittel ist das eine Frage der Rationalisierung der Produktion, deren Ergebnis — nach der Konsumtionsseite hin — vorläufig nicht in Erscheinung treten wird. Hinsichtlich des Genußgebrauchs erscheint für die breite Masse eine Güterverminderung nicht mehr möglich (B.: die Abnutzung des Hausrats und der Wäsche), die anderen über dem Existenzminimum stehenden Schichten aber werden keine besonderen Anstrengungen in dieser Richtung vollbringen.

Eine Verdrängung ausländischen Imports kommt zahlenmäßig für diese Kategorie nicht in Frage, da die Einfuhr von Produktiv- oder Genußgebrauchsgütern stets einen ganz unerheblichen Bruchteil ausmacht.

C. Die Mehrleistung von Diensten für Inländer ist in ihrer Wirkung sehr leicht zu beurteilen. Sind es Dienstleistungen zu Zwecken der Güterproduktion, so fallen sie zum größten Teil unter die Rubrik: Erhöhung der Produktion an Verbrauchs- oder Gebrauchs(sach-)gütern, nämlich soweit sie auf Sachgüter gerichtet sind (oben A und B). Der andere Teil, wo sich die Dienstleistung in ihr selbst erschöpft, also kein Sachgut entsteht, kann mit großem Nutzen für die Produktionsbilanz erhöht werden (Hauptbeispiel: Güterverkehr).

Dienen die Leistungen dagegen reinen Genußzwecken (B.: Leistungen für den Vergnügungsverkehr, Kunst- und Unterhaltungsdarbietungen, Friseur), so bedeutet jede Vermehrung zugleich auch eine Vermehrung der Konsumtion, da beides zeitlich zusammenfällt. So wenig auch ein geschlossenes System diese Kategorie der Produktion übersehen darf, für die Erzielung eines Produktionsüberschusses kommt sie nicht in Frage. Gewiß ist eine Verdrängung ausländischer Dienstleistungen denkbar [1], aber ein irgendwie zu Buche schlagendes Ergebnis kann nicht erwartet werden, zumal der Preis der ausländischen Dienstleistungen im Inland auch nicht höher ist als der der inländischen.

Zusammengefaßt kommen also für die Erzielung eines Produktionsüberschusses bezw. den Ausgleich des Produktionsdefizits grundsätzlich folgende Arten der Produktion für Inlandbedarf in Frage:

1. die Produktion von Verbrauchsgütern zu Zwecken der Produktion oder Konsumtion, durch die ein Import, der sonst notwendig würde, entbehrlich gemacht wird oder die Unterernährung ausgeglichen werden kann (B.: Kohle, Eisenerze, Getreide, Eier, Fette);
2. die Produktion von Gebrauchsgütern für notwendige Produktion oder notwendigen Genußkonsum (B.: Häuser. Maschinen, Verkehrsmittel);
3. die Dienstleistungen zu produktiven Zwecken (B.: Verkehrsleistungen wie Eisenbahn, Post [2])).

---

[1]) Dies ist die Kategorie: „direkte Güterherstellung (einschl. Dienstleistungen) im Inland" für ausländische Rechnung, vgl. oben § 14, Anm. 2.

[2]) Man sieht an diesen Beispielen, daß es vom Standpunkt der Produktionsbilanz grundsätzlich irrelevant ist, in welchen Händen sich diese Produktions-(Verkehrs-)Zweige befinden. Der Volkshaushalt umfaßt eben den Staatshaushalt mit (vgl. oben § 9, Anm. 5). In dem Ende 1921 akut gewordenen Kampf um die Entstaatlichung der Eisenbahn ist als volkswirtschaftlich wichtig nicht der Besitzwechsel als solcher sondern die Forderung der Mehrleistung bzw. Herabsetzung der Produktionskosten anzusehen.

II. Die Erhöhung der Produktion für Fremdbedarf.

Die Antwort auf die Frage, inwieweit eine Erhöhung der Produktion dieser Art die Produktionsbilanz verbessern kann, ist verschieden, je nachdem der Übergang der Güter an die ausländischen Konsumenten im Inland oder Ausland erfolgt. An sich ist beiden Unterarten gemeinsam, daß die Gesamtkosten dieser Produktion (einschließlich Unternehmergewinn) von Angehörigen fremder Volkswirtschaften getragen werden [1]), also der Nutzen mit der größeren abgesetzten Menge oder dem höheren Erlös steigt. Trotzdem ist ein bedeutsamer Unterschied vorhanden, **bewirkt durch die potenzierte Valutaschwäche, d. h. den Zustand, daß die äußere Geldentwertung chronisch der inneren voraneilt. Hier ist wieder ein Anwendungsfall vorhanden, wo die Geldentwertung über ihren Charakter als Symptom hinaus Ursache einer weiteren Bilanzverschlechterung ist.**

A. Bei einer erhöhten Produktion für Fremdbedarf im Inland, d. h. dem Übergang von Erzeugnissen der deutschen Volkswirtschaft an sich in Deutschland aufhaltende Ausländer, ergeben sich zwei große volkswirtschaftliche Nachteile, die in der potentiellen Valutaschwäche begründet sind:

1. Die Faktoren der Preisbildung in dem inneren Zirkulationsprozeß der deutschen Volkswirtschaft nehmen keine Rücksicht auf die volkswirtschaftliche Angehörigkeit des Käufers. Der sich im Inlande aufhaltende Ausländer steht grundsätzlich den gleichen Preisen gegenüber wie der Inländer, d. h. er kauft die inländische Ware, Nutzung oder Dienstleistung zu einem Preise, der der inneren Geldentwertung entspricht. Bei Gütern, die sonst nach dem Auslande abgesetzt würden, bedeutet dies entschieden einen entgangenen Gewinn, der in Zeiten, wo die deutsche Volkswirtschaft in stärkstem Maße auf Gewinn angewiesen ist, nicht entbehrt werden kann. Auf diesem Wege ist ein umfangreicher Teil des Volksvermögens zur volkswirtschaftlichen Begleichung der Reparationszahlungen in ausländische Hände übergegangen und geht alljährlich ein bedeutender Teil der Produktion über, ohne in der Ausfuhrstatistik in Erscheinung zu treten. Der offizielle Export kann Schleuderexport sein, er wird es aber seltener sein, da, um die ausländische Konkurrenz zu unterbieten, bei potentieller Valutaschwäche kein Herabgehen auf das inländische Preisniveau nötig ist [2]). Dagegen ist der Übergang an

---

[1]) Vom hier entwickelten volkswirtschaftlichen Gesichtspunkt aus ist es gleichgültig, ob der Exportierende die verwendeten Rohstoffe usw. selbst produziert oder bei anderen inländischen Wirtschaften erwirbt. Der Abnehmer bezahlt ja die Gesamtkosten. Nur wenn Importmaterial verwendet wird, wird die Konsumtionsseite der Produktionsbilanz zusätzlich belastet.

[2]) Daß das inländische Preisniveau mit dem Weltmarktpreisniveau zusammenfiel, ist vorgekommen, aber teils betraf es nur einzelne Waren, teils dauerte es nur kurze Zeit, bis ein neuer Marksturz die alte Niveaudifferenz wiederherstellte.

Ausländer im Inland in den meisten Fällen Schleuderexport, für den die Volkswirtschaft nicht den Gegenwert erhält, den sie haben müßte und der dem im Import bezahlten Entwertungsquotienten entspricht.

2. Bisher war von Gütern die Rede, die sonst ins Ausland abgesetzt würden. Schlimmer noch als der Nachteil entgangenen Gewinnes ist der Schaden, den die deutsche Volkswirtschaft durch die Wegnahme von Gütern erleidet, die sonst ans Inland abgesetzt würden. In Frage kommen hier alle lebensnotwendigen Güter (für Wärmestoffzuführung usw.). Der Bedarf der sich im Inlande aufhaltenden Ausländer führt zu einer weiteren Verknappung der notwendigsten Lebensmittel, der Wohnungen usw., und die natürlich daraus folgende Preiserhöhung [1]) verschärft den „Faktor der Not", von dem wiederholt schon die Rede war.

Also: bei den Exportgütern entgangener Gewinn, bei den Gütern für Inlandsverbrauch bedrohliche Verknappung — das sind die volkswirtschaftlichen Nachteile bei Befriedigung von Fremdbedarf im Inland. Immerhin, um systematisch vollständig zu sein, in zwei Fällen hat diese Unterart der Produktion ihr Gutes: entweder wenn es sich um Güter oder Dienstleistungen handelt, die weder ins Ausland abgesetzt würden noch notwendig vom Inland gebraucht werden, die also allein für den im Inland sich aufhaltenden Ausländer in Frage kommen (B.: Fremdenführung, Teil der Ansichtskartenindustrie [2])) — oder wenn der Aufenthalt des Fremden die Folge hat, der Volkswirtschaft einen neuen Abnehmer offiziellen Exports zu gewinnen [3]). Wenn wir von diesen beiden Fällen absehen, so müssen wir sagen, daß die an sich gegebenen Vorteile erhöhter Produktion für Fremdbedarf im Inland infolge der potenzierten Valutaschwäche durch die Nachteile entgangenen Gewinne oder Verknappung notwendigster Güter aufgehoben werden. Für die Produktionsbilanz der deutschen Volkswirtschaft lautet hier nicht die Forderung: erhöhte Produktion, sondern Einschränkung des Fremdenverkehrs auf den im Handelsinteresse wichtigen oder aber eine Preispolitik, die dem Ausländer Preise diktiert, die der äußeren Geldentwertung ganz oder ziemlich entsprechen. Die Einschränkung ist eine Angelegenheit, deren Regelung der Staat ziemlich ohnmächtig gegenübersteht, da ein Gesetz, das den Fremdenverkehr möglichst unterbinden will, nicht ohne Reaktion im Ausland bleibt. Die Preisdifferenzierung ist entscheidend erschwert durch vertrag-

---

[1]) Bei der Wohnungszwangswirtschaft tritt dies in den Preisen für möblierte Zimmer in Erscheinung.

[2]) Die Beispiele hierfür sind selten, da die meisten sonstigen Fremdenbetriebe dadurch, daß sie einheimische Rohstoffe (Kohle), Lebensmittel usw. verwenden, den Faktor der Not verschärfen.

[3]) Der politisch und kulturell wichtige internationale Fremdenverkehr hat natürlich auf die gleiche Ausnahmestellung Anspruch.

liche [1]) und technische Hindernisse, von einer Umgehung durch inländische Vermittler ganz abgesehen. Gelungene Versuche in dieser Hinsicht bleiben Einzelfälle (B.: die sechsfachen Eintrittspreise für Ausländer am Berliner Staatlichen Opernhaus).

Die dargelegten Nachteile und die Schwierigkeiten der Ausgleichung lassen den Schluß gerechtfertigt erscheinen, daß eine Vermehrung der Produktion für Fremdbedarf im Inland volkswirtschaftlich nicht wünschenswert ist, und dann andererseits auch von einer Verminderung oder den Versuchen einer Preisdifferenzierung keine Verbesserung der Produktionsbilanz zu erwarten ist. Die Fremdenüberflutung der Staaten mit potenzierter Valutaschwäche (Deutschland, Polen, Österreich) ist eine allgemeine Folge der paneuropäischen Wirtschaftszerrüttung. Die Angehörigen hochvalutarischer Länder entgehen der Teuerung im eigenen Lande zum Teil dadurch, daß sie die Differenz zwischen äußerer und innerer Geldentwertung in valutageschwächten Ländern ausnutzen. Die Kosten der Reise lohnen sich [2]). Wir müssen diese Kategorie der Produktion bei der gegebenen Wirtschaftslage als eine Produktions- und Exportform bewerten, die, obwohl sie die materielle volkswirtschaftliche Übertragung eines Teils der erzwungenen Reparationsleistungen bedeutet, in keiner irgendwie beträchtlichen Weise zu dem Fonds für Reparationsleistungen beizusteuern vermag.

B. Wie steht es demgegenüber mit der Produktion für Fremdbedarf im Ausland, d. h. der wirklichen, sichtbaren Exportproduktion? In welchen Fällen ist die Erhöhung der Ausfuhrproduktion von volkswirtschaftlichem Nutzen? Diese Frage ist verhältnismäßig leicht zu beantworten: Ganz gleich, ob es sich um Ge- oder Verbrauchsgüter [3]) handelt — die Ausfuhr ist immer dann vorteilhaft, wenn es Sachgüter sind, die in der heimischen Volkswirtschaft nicht notwendig gebraucht werden (sei es zu Produktions- oder Genußzwecken), z. B. seidene Lampenschirme, über den Inlandsbedarf hinausgehende Farbstoffproduktion. Das typische Gegenbeispiel hierfür sind die bisherigen Kohlenlieferungen an die Entente, zu denen Deutschland aus dem Versailler Diktat [4]) und den darauf folgenden Abmachungen verpflichtet

---

[1]) Versailler Diktat, Art. 276 ff. (Teil X, Abschnitt I, Kapitel IV) verbietet die Sonderbelastung der Staatsangehörigen der alliierten usw. Mächte mit „direkten und indirekten Gebühren" (276 c).

[2]) Durch die Presse gingen unnachprüfbare Nachrichten, daß Hunderte von Londoner Arbeitslosen ihre Unterstützung in Wien verzehrten und besser als die dort arbeitende breite Masse lebten.

[3]) Reine Dienstleistungen kommen hier nicht in Frage, da sie nicht Gegenstand sichtbarer Ausfuhr sind. Soweit sie für Rechnung von Inländern jenseits der Grenze von Ausländern in Anspruch genommen werden (Schiffahrtsdienste usw.), erscheinen die in Kategorie P 4 (siehe oben § 14).

[4]) Vgl. Versailler Vertrag Art. 236 und Anlage V zu Teil VIII.

worden ist. Deutschland soll mit diesen Kohlen einen Teil der jährlichen Verpflichtungen tilgen. In Wirklichkeit kann Deutschland mit diesen Kohlen nichts laufend zahlen: denn der Staat, der die Kohlen von den Zechenbesitzern erwirbt, muß diese Inlandszahlungen durch Steuern decken, und hierfür steht ihm nur der jährliche Produktionsüberschuß zur Verfügung. Also die Kohlen wären nur dann eine volkswirtschaftlich geeignete Tilgungsform, wenn ihrem Wert ein steuerlich erfaßbarer Produktionsüberschuß gegenüberstünde. Dies ist nicht der Fall, es kann also die Kohlenlieferung (an sich Glied der Produktionsbilanz) letzten Endes nur auf dem Umwege Staatsentschädigung — Staatsbedarfsdeckung — Abwälzung auf die schwächsten Klassen eine Verminderung der Lebenshaltung und, soweit dies nicht ausreicht, einen Volksvermögensverlust auslösen. Außer diesem reparationstheoretischen Zusammenhang bedeutet aber auch die Hergabe von Kohlen als eines der wichtigsten Produktionsrohstoffe den Ausfall oder die Verteuerung unentbehrlicher Industrien und lebensnotwendigen Konsums, mit anderen Worten: eine Verschärfung der allgemeinen volkswirtschaftlichen Notlage. Daß diese Kohle außerdem unter dem Weltmarktpreis angerechnet wurde, ist ein besonders erschwerendes Moment [1]).

Für den allgemeinen Export zu Weltmarktspreisen ist festzustellen und festzuhalten, daß eine Vermehrung oder Werterhöhung durch Verbesserung nur dann volkswirtschaftlich vorteilhaft ist, wenn sie Güter betrifft, nach denen im Inland keine als notwendig berechtigte ungedeckte Nachfrage besteht; positiv ausgedrückt: es kommen in Frage alle Luxusgüter und von den übrigen nur die, bei denen die Inlandsproduktion für den Inlandsbedarf ausreicht.

III. Zusammenfassung.

Ich fasse die Ergebnisse der Darlegungen unter Ziffer I und II B einheitlich zasammen: Für die Erzielung eines Produktionsüberschusses kommt grundsätzlich die Erhöhung der Produktion unter folgenden Voraussetzungen in Frage:

---

[1]) Die Kohlenlieferungen an Frankreich seit der Konferenz von Spaa (1—2 Mill. t monatlich, vgl. Keynes III, S. 46) waren allerdings für Frankreich ein sehr lukratives Geschäft. Es erhielt sie nicht nur umsonst (unter Anrechnung auf Reparationskonto), sondern die Anrechnung durch die Reparationskommission geschah außerdem in Übereinstimmung mit den Deutschland für die Lieferung gutzuschreibenden Beträgen zu Preisen, die Frankreich einen Weiterverkauf auf dem Weltmarkt mit fast 100 prozentigem Gewinn ermöglichten. Dieser Gewinn diente aber nicht, wie es dem Sinn des Versailler Vertrages entsprochen hätte, dem Wiederaufbau der zerstörten Gebiete, sondern der Subvention der französischen Industrie vermittels Ausfuhrprämien (Vgl. DAZ Nr. 16/17 vom 12. Jan. 1923 Art.: „Die billigen Reparationskohlen" im Volkswirtschaftlichen Teil).

A. Die Produktion muß sich erstrecken:
   1. auf notwendige Verbrauchsgüter zu Produktions- oder Genußzwecken
      α) zur Wiederherstellung der Volkskraft und -gesundheit,
      β) zur Ausschaltung sonst notwendigen Imports,
   2. auf gleicherweise notwendige Gebrauchsgüter,
   3. auf Dienstleistungen zu produktiven Zwecken.

B. Der Export muß sich erstrecken:
   1. auf Luxusgüter,
   2. auf alle Güter unter A 1 und 2, soweit der Inlandsbedarf gedeckt ist.

Die Aufgabe solcher Industrien, die vorwiegend auf ausländische Rohstoffe angewiesen sind, z. B. die Textil-, Leder-, Kupfer-Industrie, besteht weniger in einer quantitativen Steigerung als in einer qualitativen. Quantitative Steigerung ist nur dann von Wichtigkeit, wenn damit eine Importverdrängung verbunden ist. In erster Linie kommt es aber darauf an, die heimischen Produktionsmittel und Produktivkräfte auszunutzen, die im eigenen Boden, in der eigenen Arbeit und im eigenen volkswirtschaftlichen Kapital gegeben sind.

§ 23. c) Die Aktivbefähigung der deutschen Volkswirtschaft.

Um aus dem gegenwärtigen Zustand des Produktionsdefizits herauszukommen, d. h. dieses auszugleichen und darüber hinaus einen Überschuß für Reparationsleistungen zu erzielen, bleibt, wie sich ergeben hat, für die deutsche Volkswirtschaft als einziges Mittel übrig, die Produktion zu erhöhen. Auf welche Kategorien sich dieser Vorgang grundsätzlich erstrecken muß, wofern er wirksam sein soll, ist dargelegt worden. Für die einzelnen Zweige die Aussichten zu untersuchen, wäre ein Unterfangen, das den Rahmen dieser Untersuchung überschreiten würde, ganz abgesehen von den Schwierigkeiten einer zahlenmäßigen Beurteilung. Es handelt sich auch bei den Reparationsverpflichtungen um Summen, die das ganze Problem aus der Sphäre spezieller Anforderungen an diesen oder jenen Produktionszweig herausheben. Die Ausgleichung des Produktionsdefizits allein erfordert eine Mehrproduktion im Werte von mehreren Milliarden Goldmark, und dazu tritt dann noch das Reparationssoll.

Für 1921 schätzte J. Wolf [1]) den Produktionswert auf 20 Md. G M.; wenn man mit ihm eine Steigerung auf 30 Md. G M. für möglich hält [2]), dann wäre in der Tat die künftige Aktivbefähigung Deutschlands zu Reparationsleistungen gegeben.

---

[1]) S. oben § 12 II.
[2]) Verh. S. K. I, S. 30.

Eine solche Steigerung — Erhöhung der Produktion um die Hälfte — würde die höchste Anspannung aller Produktionsfaktoren voraussetzen, eine Anspannung, die sich auf sämtliche als wichtig gekennzeichnete Kategorien erstrecken müßte. Daß gewisse Möglichkeiten gegeben sind, eine Mehrleistung zu erzielen, braucht nicht bestritten zu werden, trotzdem sind aber meines Erachtens für die nächsten Jahre, auf die es bei dem kritischen Zustand der deutschen Volkswirtschaft in ausschlaggebender Weise ankommt, die Hemmnisse zu groß, als daß die von Wolf in Aussicht gestellte Mehrleistung erreicht würde.

Wenn wir von der fremden Hilfe absehen (z. B. in Form von Krediten, vgl. oben § 13 unter d), so sind die Faktoren der Produktion: der deutsche Boden, das deutsche Kapital und die deutsche Arbeit.

I. Der Faktor Boden.

Der Boden ist Stoffquelle der nationalen Produktion. Aus ihm werden durch Abbau oder Anbau die Lebensmittel für die Bevölkerung und die Rohstoffe für die verarbeitende Industrie gewonnen. Obwohl die Reichsgrenzen eine unüberschreitbare Grenze für beliebige Ausdehnung extensiver Bodenbearbeitung bilden [1]), ist doch eine Mehrverwendung von Boden in verschiedener Hinsicht möglich:

A. der Fläche nach: Es ist Boden vorhanden, der schon Anbaufläche war, aber aus irgendwelchen kriegs- oder vorkriegswirtschaftlichen Gründen nicht mehr bebaut worden ist. Dies wird belegt durch jede Statistik der Anbauflächen [2]). Ferner steht eine Menge Ödland und Unland zur Verfügung, das für die volkswirtschaftliche Ernährung nutzbar gemacht werden kann [3]). Im Regierungsbezirk Merseburg ist z. B. wichtiges industrielles Neuland vorhanden (Braunkohle, Kupferschiefer, Kali), allerdings geht die industrielle Expansion dort nur auf Kosten fruchtbaren Ackerbodens vor sich [4]).

---

[1]) Die Verengerung der Reichsgrenzen durch den Versailler Vertrag und den Oberschlesien-Entscheid ist einer der Hauptgründe für das volkswirtschaftliche Produktionsdefizit. Für unseren Zusammenhang haben die Verlustzahlen nur Wert, wenn mit einer Wiedergewinnung der abgetretenen Gebiete bestimmt gerechnet werden könnte.

[2]) Vgl. „Wirtschaft und Statistik", Nr. 1, 1922, S. 3 und Nr. 19, 1922, S. 626.

[3]) Nach Prof. Gagel: 3,8 Mill. ha (DAZ Nr. 567 und 585 v. 9. und 20. Dez. 1921: „Ein Weg aus dem Ernährungselend"). Zu sehr optimistischer Beurteilung der Ertragsaussichten gelangt Bürgermeister Schablow in einer Artikelserie der DAZ: „Neue Provinzen" (DAZ vom 10. Febr. 1923 Nr. 66/67, v. 15. Febr. Nr. 74/75, vom 23. Febr. Nr. 88/89, vom 2. März Nr. 100/101, vom 7. März Nr. 108/9, 21. März Nr. 132 3 und 5. April Nr. 154/5).

[4]) Vgl. Geh. Reg. Rat Dr. Ing. W. C. Behrendt: Neuland der Industrie, Art. in der DAZ vom 1. März 1923, Nr. 98/99.

B. der Tiefe nach:

1. Der Wechsel zwischen Flachwurzlern und Tiefwurzlern ist noch rationeller zu gestalten.
2. Für den Abbau der Mineralien stehen in größerer Tiefe vorläufig unerschöpfliche Vorräte zur Verfügung, so für Kohlen schätzungsweise über 200 Milliarden t [1]).

Aber die in den unbebauten Flächen oder schier unerschöpflichen Minerallägern vorhandenen Stoffe werden erst dadurch zu einem Produktionsergebnis, daß sich die menschliche Arbeit betätigt. Erst die Bebauung des Bodens, erst die Hauertätigkeit oder der Transport an die Oberfläche schaffen verwendbare und verwertbare Güter. Dieser selbstverständliche Umstand muß erwähnt werden, um Ansichten gegenüberzutreten, die den Reichtum Deutschlands an Kohlenschätzen auf 2000 Md. GM. beziffern und daraus eine hohe Leistungsfähigkeit Deutschlands zu Reparationsleistungen folgern [2]). Tatsächlich ist doch der Jetztwert des Unlandes oder der Kohle im Erdinnern gleich Null.

Aber es bedarf außerdem nicht nur der Arbeit, sondern auch des Kapitals (in volkswirtschaftlichem Sinne) zu einer Steigerung der Urproduktion. Damit gelangen wir zu dem zweiten Produktionsfaktor:

II. Der Faktor Kapital.

Jede Produktion, sei es Urproduktion, Verarbeitung oder Handel und Verkehr, erfordert im Zustand entwickelten Wirtschaftslebens die Anwendung von Kapital, d. h. von produzierten Produktionsmitteln. Jede Erhöhung der Produktion bedingt entweder eine Vermehrung des Kapitals oder eine verstärkte Abnutzung.

A. Mit der Möglichkeit einer stärkeren Ausnutzung vorhandenen Kapitals kann nicht gerechnet werden, seitdem fast zehn Jahre lang, seit 1914, der Produktionsapparat einer Abnutzung unterworfen war, die auf allen Gebieten bis an die Grenze des Möglichen ging. Wie beim Boden, so ist auch hier der Raubbau für die Dauer stets von Folgen begleitet, die vorübergehenden Vorteil durch gesteigerte Nachteile wettmachen. In die Augen fallende Beispiele bilden der Verfall der Häuser und die Abnutzung der Transportmittel (Lokomotiven usw.). Mehrproduktion auf Kosten eines weiteren Verschleißes des Produktionsapparates läuft dem volkswirtschaftlichen Lebensinteresse zuwider.

B. Mit der Vermehrung des volkswirtschaftlichen Kapitals [3])

---

[1]) Vgl. „Wirtschaft und Statistik“ Nr. 1, 1923, S. 37.

[2]) Vgl. Jastrow: „Deutschlands Volksvermögen im Kriege“, 2. Aufl. 1919, S. 25.

[3]) Die Haupthemmnisse für die Vermehrung des privatwirtschaftlichen Kapitals sind die Verminderung des Realeinkommens sowie die Unterbindung des Spartriebs infolge der allgemeinen Genußsucht, der andauernden

steht es wie mit einer vermehrten Ausnutzung des Bodens: entscheidend für die Entstehung und das Wirksamwerden vermehrten Kapitals ist die Arbeit. Für die Entstehung ergibt sich dies schon aus dem Begriffe des volkswirtschaftlichen Kapitals: produzierte Produktionsmittel und für das Wirksamwerden aus seinem Charakter als sachlicher Produktionsfaktor.

Für die Prognose in bezug auf die Aktivbefähigung Deutschlands bildet also die Arbeit den schließlich ausschlaggebenden Faktor, sowohl negativ wie positiv: es mögen genug unbebautes Land und Mineralien vorhanden sein, ohne Arbeit gelangt keines von beiden zur Verwertung, und andererseits: die Arbeitskraft ist das alleinige Mittel, Mangel an neuem Kapital und Mängel an bestehendem Kapital zu beseitigen.

III. Der Faktor Arbeit.

Die Deckung des Produktionsdefizits und die Begründung einer Aktivbefähigung für Reparationen ist eine Frage der nationalen Arbeit, der landwirtschaftlichen, gewerblichen und merkantilen Arbeit, der gelernten und ungelernten Arbeit, der leitenden und ausführenden Arbeit, der Arbeit der staatlichen und privaten Angestellten [1]). Allen diesen verschiedenen Arten ist gemeinsam, daß ihr volkswirtschaftlicher Nutzen davon abhängt, ob sie auf eine der als wichtig gekennzeichneten Produktionskategorien angewandt wird. Alle vorhandenen Arbeitskräfte in diese sachliche Richtung zu weisen, ist natürlich wirtschaftspolitisch undurchführbar [2]), in Betracht kommt vielmehr die Steigerung der schon in dieser Richtung liegenden Arbeitsleistungen durch Vermehrung der Einzelleistung (z. B. erhöhte Kohlenschichtförderung [3])).

Die Forderung der Produktionssteigerung mündet also in die Forderung vermehrter oder verbesserter individueller Arbeitsleistung ein. Die für die Aktivbefähigung endgültig entscheidende Fragestellung lautet: Besteht für Deutschland die Aussicht, unter

Geldentwertung und der notwendigen Steuerbelastung. Die Einführung wertbeständiger Sparmöglichkeiten im Sommer 1923 schaltet das Argument der Entwertung der Ersparnisse allerdings aus, ist aber noch nicht so ausgestaltet, daß es auch dem Groschensparer zugute kommt. Die beabsichtigte kleine Stückelung der Goldanleihe kann vielleicht diesem Mangel abhelfen, doch erscheint mir die dauernde „Wertbeständigkeit" der Goldanleihe sehr illusorisch.

[1]) In Frage kommt nur die wirtschaftliche Arbeit, d. h. jede auf Bedarfsdeckung oder Erwerb gerichtete Betätigung körperlicher oder geistiger Kraft (vgl. Harms Art. Arbeit, Hdw. d. St. W. 3 Auflage 1909, S. 572—591, S. 573).

[2]) Eine teilweise Umstellung kann im Rahmen der Rationalisierung der Produktion erfolgen, doch kann das Ergebnis vorläufig nicht hoch eingeschätzt werden.

[3]) Die arbeitstägliche Förderung des Ruhrkohlenarbeiters betrug 1913: 972 kg, 1919: 555 kg, 1920 (mit Überschichten): 596 kg. Eine Steigerung um die Hälfte würde also noch nicht einmal den Friedensstand erreichen. Vgl. E. Pawlowski: Der Bankrott Deutschlands, 1921, S. 55/56.

Verwendung des gegebenen Bodens und Kapitals sein Produktionserträgnis durch Arbeitssteigerung so zu erhöhen, daß sich statt des Defizits ein Produktionsüberschuß ergibt? Welche Möglichkeiten sind vorhanden, welche Hemmnisse liegen vor?

Nach der aufgewendeten geistigen Kraft pflegt man die Arbeit einzuteilen in körperliche und geistige. Unter dem Vorbehalt, daß eine klare Scheidung weder theoretisch noch praktisch möglich ist (fast jede körperliche Arbeit erfordert irgendeine geistige Anstrengung, und fast jede geistige Arbeit erfordert eine körperliche Anstrengung, nämlich einen Energieaufwand), wird man die Scheidung doch insofern akzeptieren können, als man unter geistiger Arbeit die vorwiegend auf das Denken eingestellte Arbeit versteht, während man mit körperlicher Arbeit die bezeichnet, bei der der mechanische Einschlag überwiegt.

Der Nährboden der geistigen Kräfte eines Volkes sind Wissenschaft und Technik. Wissenschaftliche Theorie und technische Erfindung sind die Grundlagen einer Emporentwicklung der geistigen Arbeit. Man darf behaupten, daß die hierauf gerichteten geistigen Produktivkräfte unversehrt sind trotz des Zusammenbruchs infolge Krieg und Nachkriegsentwicklung. Und doch scheitert die Nutzbarmachung dieser produktiven Kräfte für die Rationalisierung des Produktionsprozesses an wichtigen Tatsachen materieller Natur. Es liegt im Wesen von Wissenschaft und Technik, daß sie Ausbildung und Forschungs- (Versuchs-) Tätigkeit voraussetzen, und während dieses Stadiums sind ihre Träger auf die Ernährung und sonstige Bedarfsversorgung durch die Volkswirtschaft angewiesen. Es ist eine der widersinnigsten Tatsachen, daß eine in Verarmung geratene Volkswirtschaft gerade die Unterhaltung der Glieder, die für die künftige Emporentwicklung von überragender Bedeutung sind, vernachlässigen muß, weil kein Distributor da ist, der ihnen unentgeltlich die Güter für die lebensnotwendigen und technisch-wissenschaftlichen Bedürfnisse liefert. Wissenschaft und Technik teilen diesen Leidenszustand mit der gesamten Kultur Deutschlands, deren Niedergang infolge des wirtschaftlichen Elends der letzten Jahre nicht mehr zu verheimlichen ist [1]). Der Wille zur Mehrleistung bei Gelehrten und Technikern ist zweifellos vorhanden, aber es fehlt die materielle Fundierung. Dadurch wird also der produktionssteigernde Faktor, der in der fortlaufenden Befruchtung des Produktionsprozesses durch Wissenschaft und Technik besteht, in erheblichem Maße ausgeschaltet, und die bedenklichen Folgen dieser Einschnürung können nicht deutlich genug betont werden. Es tritt ein Stillstand, wenn nicht gar Rückschritt in der wissenschaftlichen und technischen Durchbildung des Produktionsprozesses

[1]) Ich erinnere an die bekannte Not der Forschungsinstitute, der künstlerisch hochstehenden Theater und der anständigen Presse.

ein, und dies ist einer der Hauptgründe, weshalb die Forderung einer Rationalisierung der Produktion (nach der Konsumtions- wie Produktionsseite hin) bisher fast nur Schlagwort geblieben ist. Es bleibt nichts anderes übrig, als daß die Träger der geistigen Arbeit, die schon im Produktionsprozeß stehen (vor allem die Großunternehmer, leitenden Angestellten und Beamten und qualifizierten Arbeiter) das vorhandene Niveau wissenschaftlicher und technischer Errungenschaften wenigstens aufrechtzuerhalten und durch anwendende Arbeit möglichst auszunutzen bemüht sind. Glücklicherweise besteht wenigstens der Unterschied zwischen dem geistigen „Kapital" (d. i. die wissenschaftliche und technische Bildung als produktionssteigernder Faktor) und dem materiellen Kapital (produzierte Produktionsmittel), daß jenes nicht wie dieses der Abnutzung unterworfen ist. Allerdings tritt an die Stelle der Abnutzung die Gefahr der Veraltung und der Verminderung ihrer Träger.

Da bei der gegebenen Lage der deutschen Volkswirtschaft somit die Neubildung geistigen Kapitals unterbunden oder jedenfalls sehr begrenzt ist, verengert sich die Forderung der Arbeitssteigerung auf die vermehrte Verwendung schon vorhandenen geistigen Kapitals, materiellen Kapitals oder Bodens. Von der Scheidung zwischen geistiger und körperlicher Arbeit kann nunmehr abgesehen werden, da die zu erörternden Aussichten und Hemmnisse für eine Leistungssteigerung auf beide Arten der Arbeit zutreffen.

Es ist von untergeordneter Bedeutung, ob die Steigerung der Arbeitsleistung extensiv (verlängerte Arbeitszeit) oder intensiv (verstärkte Leistung bei gleicher oder auch verkürzter Arbeitszeit) erfolgt. Die Voraussetzung oder Grenze des Wirksamwerdens liegt immer

A. in den vorhandenen physischen Kräften,
B. in dem vorhandenen Arbeitswillen.

Die physiologische Grundlage und die psychologische Einstellung bilden die souveränen Faktoren für die Ergiebigkeit der Arbeit. Hierin liegen die Angelpunkte für die Frage der Produktionssteigerung. Die schematische Ausdehnung des eingeführten Achtstunden-Arbeitstages ist ebensowenig gleichbedeutend mit Produktionssteigerung [1]) wie die Herabsetzung um eine halbe Stunde für sich eine Produktionsverminderung bedeuten würde. Das Problem liegt in Wirklichkeit so: nicht die Zeitspanne der Arbeitsleistung für sich ist das Entscheidende, sondern den Ausschlag

[1]) Daß Zeitausdehnung und Leistungssteigerung in einigen Produktionszweigen notwendig zusammenfällt, wird damit nicht bestritten. Hauptbeispiel: Verkehr. Die Fahrplanmäßigkeit ist die wirksame Kontrolle und verhindert absichtliche oder unabsichtliche Minderleistung.

geben die vorhandenen physischen Kräfte und der Arbeitswille [1]). Wenn z. B. eine Ausdehnung der Arbeitszeit die physischen Kräfte überschreitet oder eine Kürzung den Arbeitswillen steigert, so wird sich im ersten Fall eine relative, wenn nicht gar absolute Minderleistung, im zweiten Fall eine relative, vielleicht auch absolute Mehrleistung ergeben [2]). Hier handelt es sich aber nicht darum, die Wirkung in diesem oder jenem Arbeitszweig (z. B. Eisenbahn, Bergbau, Maschinenschreiben) festzustellen, sondern das Problem richtig zu sehen, nämlich daß die nationale Arbeitssteigerung im ganzen von dem physiologischen Zustand des Arbeitenden und seiner psychologischen Einstellung abhängt.

A. Die notwendige physiologische Grundlage [3]) besteht darin, daß jeder mittelbar oder unmittelbar am Produktionsprozeß Beteiligte über das Existenzminimum verfügen muß, das zur Erhaltung seiner geistigen oder körperlichen Arbeitskraft erforderlich ist. Es ist also zu der physiologischen Grundlage in diesem Sinne nicht nur die Ernährung, sondern auch die Kleidung und Wohnung (Verhinderung der Wärmestoffentziehung) zu rechnen. Die Verhältnisse in Deutschland in bezug auf diesen Punkt sind ungünstige, wie schon in dem Abschnitt über die Konsumtionsfrage (oben §§ 17—20) festgestellt wurde. In bezug auf den Ernährungszustand lautet das Urteil der medizinischen und volkswirtschaftlichen Autoritäten erschreckend [4]). Nicht nur, daß im Kriege die körperliche Entwicklung gehemmt und verlangsamt wurde, auch in der Nachkriegszeit wurde diese Entwicklung zum Teil noch verstärkt. v. Tyska hat für 1922 festgestellt, daß gegenüber einem Bedarf von 3000 Kalorien täglich nur 1940 auf den einzelnen entfielen [5]). Dr. Morgenroth bezeichnete das Wohnungselend als „grauenhaft" [6]). Der Mangel an Wohnungen und die Mängel der Wohnungen sind eine jederzeit und jedenorts feststellbare Erscheinung. Der Mangel an Kohle, verschärft durch die monatlichen Pflichtlieferungen an die Entente, schwächt ebenso die Volksgesundheit und damit die Arbeitskraft [7]). Der Wäsche-

[1]) Vgl. auch Anton Erkelenz: Die Senkung der Arbeitsleistung in der Nachkriegszeit, Art. im Berliner Tageblatt Nr. 522 vom 16. November 1922.

[2]) Vgl. Hertz-Seidel: Arbeitszeit, Arbeitslohn und Arbeitsleistung, Berlin 1923, bes. Abschnitt III, woselbst Erfahrungen neueren Datums gesammelt sind, und Diehl „Achtstundentag und Arbeitsintensität", 3 Art. in der DAZ Nr. 486 (19. 10.), 495 (25. 10.) und 498 (26. 10. 23).

[3]) Lit. L. v. Buch: Intensität der Arbeit, Wert und Preis der Waren, Leipzig 1896, Kap. 2—4, S. 14—56, sowie: Herkner: Arbeit und Arbeitsteilung, im Grundriß der Sozialökonomie, II. Abteilung, Ziffer IV, S. 165—198, bes. I. S. 166—167 (1914).

[4]) Hertz-Seidel, a. a. O. S. 101 ff.

[5]) Hertz-Seidel, a. a. O. S. 102.

[6]) Hertz-Seidel, a. a. O. S. 109.

[7]) Vgl. Geh. Obermedizinalrat Dr. Krohne: „Kohlenlieferungen und Volksgesundheit" (Art. der DAZ Nr. 497/8 vom 15. Nov. 1922) und: „Versailles, Ruhreinbruch. Volksgesundheit" (Art. der DAZ Nr. 90/91 vom 24. Febr. 1923).

zerfall reiht sich diesen Erscheinungen an. Gewiß sind zwei Schichten vorhanden, die den Verarmungsprozeß von sich abgewälzt haben (die Unternehmer einschließlich der leitenden Angestellten und Beamten einerseits und die jugendlichen Arbeiter andererseits), und an diese Schichten können tatsächlich höhere Forderungen gestellt werden. Aber besonders bei den letzteren geht mit der Genußsucht eine Einstellung parallel, die jeder gesteigerten Arbeitsleistung abhold ist. Damit kommen wir zu der psychologischen Seite des Problems.

B. Die Untersuchung, ob die psychologischen Voraussetzungen für einen gesteigerten Arbeitswillen gegeben sind oder welche psychologischen Momente ihn lähmen, hat grundsätzlich zu unterscheiden zwischen den allgemeinen Triebkräften und den besonderen Einstellungen, die für das deutsche Volk der Jahre 1922/23 in Frage kommen. Die allgemeinen Triebkräfte, die dem Menschen in bezug auf seinen Arbeitswillen innewohnen, lassen sich auflösen in den Selbsterhaltungstrieb und Erwerbssinn einerseits (soviel Arbeit zu leisten, wie zur Fristung oder einer darüber hinausgehenden Bessergestaltung des Lebens notwendig ist) und den Hang zur Bequemlichkeit andererseits (möglichst wenig zu arbeiten). Der erstere wirkt steigernd, der zweite schwächend. Für unsere Erörterung nehmen wir diese Triebe als gegeben an und wenden unsere Aufmerksamkeit den besonderen hemmenden Einflüssen zu, die sich aus der derzeitigen politischen, sozialen und wirtschaftlichen Lage Deutschlands ergeben.

Die eigentlich selbstverständliche Forderung, daß sich bei allen Gliedern einer in Verarmung und Verschuldung geratenen Volkswirtschaft der höchste Wille zur vermehrten Arbeitsleistung einstellt, findet ihr Gegenargument in zwei Tatsachen, die nach der Ansicht des Verfassers für den ganzen Wirtschaftswiederaufbau (Deckung des Produktionsdefizits) und die Erarbeitung eines Reparationsfonds von ausschlaggebender Bedeutung sind: d. i. einmal der Kampf um die innervolkswirtschaftliche Verteilung des Arbeitsproduktes und zum zweiten der Widerstand gegen eine Fronarbeit zugunsten volksfremder Gläubiger. Man mag über diese Empfindungen urteilen, wie man will — die innere Berechtigung beider Erscheinungen steht hier nicht zur Erörterung —, der volkswirtschaftliche Theoretiker muß sich ebenso wie der Wirtschaftspolitiker mit der Tatsache des Vorhandenseins abfinden und seine Prognose für die Entwicklung der nächsten Jahre darauf einstellen.

Wenn man den Einfluß beider Erscheinungen gegeneinander abwägt, so scheint mir (und dies muß mit Bedauern konstatiert werden), daß die Unzufriedenheit über die innervolkswirtschaftliche Verteilung den Widerstand gegen die Fronarbeit übersteigt. Es ist dies eine psychologische Einstellung der breiten Masse, die zu starkem Pessimismus Anlaß gibt. Wir betrachten zunächst die Schwächung des Arbeitswillens, die aus dem Gefühl der Fronarbeit für den fremden Gläubiger entsteht.

1. Der Vergleich einer verschuldeten Volkswirtschaft mit einem privaten Schuldner, der den Ausgangspunkt für die allgemeine Erörterung der für die Schuldtilgung in Frage kommenden Fonds bildete, ist auch in psychologischer Hinsicht angebracht. Wie eine mit mehr oder weniger subjektiver Schuld in Schulden verstrickte Privatperson sich im allgemeinen im Rahmen des Möglichen anstrengt, die Schulden zu tilgen, um sie los zu sein, so würde auch eine beschränkte, den sachlichen Hilfsmitteln entsprechende Schuld kein besonderes psychologisches Problem bilden. Die psychologische Reaktion gegen eine unentgeltliche Leistung setzt erst da ein, wo die Schuldsumme nicht nur für sich genommen durch ihr phantastisches Ausmaß deprimierend wirkt, sondern dem Schuldner auch die notwendigen Existenzbedingungen untergraben werden und sein Betriebsvermögen der wucherischen Ausbeutung anheimfällt. Beides trifft für die Reparationsschuld zu [1]). Mag man sie zu dem Gesamtbetrag der sonstigen zwischenstaatlichen Verschuldung in Beziehung setzen oder mit den Schätzungen des deutschen Volksvermögens vergleichen. die psychologische Reaktion muß eine verzweifelte Stimmung sein, ob man den Anforderungen verstandesgemäß oder gefühlsmäßig gegenübertritt. Und die wucherische Ausbeutung des deutschen Volkes, die darin besteht, daß der einzelne Angehörige des fremden Gläubigerstaats sich die Notlage Deutschlands, seine potenzierte Valutaschwäche, zunutze macht und sich seinen privatwirtschaftlichen Einzelanteil an der Reparationsforderung seines Heimatlandes nimmt (Verschleuderung des deutschen Besitzes), tut ein übriges, den Charakter etwaiger Mehrarbeit zu verdeutlichen.

Es ist natürlich volkswirtschaftlich unberechtigt, die Mehrleistung mit Rücksicht auf etwaigen Froncharakter aufzugeben, denn die Mehrleistung hat ja auch den Zweck des Selbst-Wiederaufbaus, aber die Tatsache, daß die Schaffensfreude eines Volkes, im ganzen betrachtet, durch die Sklavendiensterkenntnis beeinträchtigt wird, bleibt bestehen. Wer nun gar den Inhalt der Reparationsschuld mit ihren Grundlagen, den Wilson-Punkten und dem Novembervorvertrag vergleicht, wird sich eines Betrugsgefühls nicht erwehren können, das die Unlustempfindungen noch

---

[1]) Lloyd George urteilt von der Gläubigerseite aus mit Recht: „Wenn man die Frage der Zahlungskraft betrachtet, so muß man den Reparationsanspruch genau so beurteilen wie eine gewöhnliche Schuld. Man muß sich darüber klar werden, ob man den Schuldner ruinieren oder Zahlung erlangen will“. (Artikelserie Lloyd Georges in der DAZ, Art. VI: Reparationen, DAZ Nr. 20/21 vom 14. Jan. 1923.)

verstärkt. Alle Kritiker des Versailler Vertrages und Londoner Ultimatums stellen diesen Punkt mit in Rechnung.

Um aber die Wirkung einwandfrei zu beurteilen, muß man sich vor Augen halten, daß der größere Teil aller Volksangehörigen das Reparationsproblem (Entstehung, Aufbringung und Wirkungen der Lasten) gar nicht richtig zu beurteilen weiß. Die Demonstration ad oculos, die für die große Menge zur Erweckung des Verständnisses allein in Frage kommt, ist schließlich nur durch solche extremen Vorgänge möglich, wie sie etwa die praktische Beschlagnahme eben geförderter Kohlen und der gewaltsame Versand nach dem Gläubigerland darstellen [1]). Der Einfluß der Zeitungslektüre und sonstiger Aufklärungsmaßnahmen (Filme, Statistiken, Ausstellungen, Denkschriften) auf die breite Masse muß niedrig eingeschätzt werden, zumal ein erheblicher Teil der Presse und der Parteipolitik ein ganz anderes Problem in den Vordergrund schiebt: nämlich die Frage der inneren Verteilung der Lasten im Zusammenhang mit dem allgemeinen Distributionsproblem. Hierauf und nicht auf die großen nationalen Zusammenhänge zwischen Leistungssoll und Leistungskraft hat sich das wirtschaftliche Denken der breiten Masse eingestellt, die durch jahrzehntelange parteipolitische Erziehung dafür geschult war und mit der Revolution von 1918 eine akute Aufrollung dieser Fragen erlebt hat.

2. Dadurch sind wir bei dem zweiten psychologischen Einfluß auf den Arbeitswillen angelangt, der von dem Kampf um die innervolkswirtschaftliche Verteilung der Produktionserträge bezw. der Reparationslasten ausgeübt wird.

Alle Volksschichten stehen in einem beständigen Kampf um ihren Anteil am Nationalprodukt, das als Bodenrente, Kapitalzins, Arbeitslohn oder Unternehmergewinn an den einzelnen fällt. Dieser Kampf, der prinzipiell ein Kampf jeder Kategorie gegen jede bedeutet, hat sich im Laufe des 19. Jahrhunderts, vornehmlich unter dem Einfluß von Marx und Engels, auf eine einzige Front zugespitzt: auf der einen Seite stehen die Empfänger von Arbeitslohn, auf der anderen Seite die Kapitalzinsempfänger, Grundrentenempfänger und Unternehmer. Zur Vereinfachung wollen wir die drei letzteren Kategorien unter dem Sammelbegriff Arbeitgeber zusammenfassen, ihnen stehen dann die Arbeitnehmer gegenüber. Zu den Arbeitnehmern müssen wir auch die Beamten rechnen, die in dem gekennzeichneten Gegensatz nicht neutral bleiben, sondern sich mit den Arbeitnehmern solidarisch fühlen. Ebenso gehören zu den Arbeitgebern die leitenden Angestellten, die, meist auf Grund von Gewinnbeteiligung, die Unternehmer-

[1]) Hierin sehe ich den Hauptgrund für den geschlossenen Widerstand auch der Arbeitnehmer, der sich gegenüber dem Ruhreinbruch bemerkbar machte.

interessen vertreten. Der Gegensatz: Arbeitgeber — Arbeitnehmer oder (im gleichen Sinne gemeint) Kapital — Arbeit ist also denkbar weit zu fassen. Die Gegensätze innerhalb der Arbeitgeber und innerhalb der Arbeitnehmer können, wiewohl sie von großer Bedeutung bleiben, hier ausgeschaltet werden, da sie vermöge ihres Konkurrenzcharakters eher den Arbeitswillen stärken. Anders der Gegensatz Kapital — Arbeit. Dies ist die „große Wunde" der Volkswirtschaft, wie Horneffer sagt [1]). Und zwar besteht die psychologische Wirkung dieses Gegensatzes darin daß derjenige, der einen Teil seines Arbeitsproduktes in fremde Hände fließen sieht oder diesen Vorgang für möglich, wahrscheinlich oder sicher hält, in seinem Arbeitswillen gehemmt wird und denen, die eine Steigerung der Arbeitsleistung für wünschenswert oder notwendig halten, von vornherein mit Mißtrauen gegenübersteht [2]). Dieser Zwiespalt, der in friedlichen, gesunden, blühenden Zeiten nicht so sehr in die Augen sticht, kommt in Zeiten der Not, der politischen und sozialen Unruhe mit doppelter Schärfe zum Vorschein. Gerade durch die langsame innere Zermürbung, den raschen äußeren Zusammenbruch und die Revolution wurde der Gegensatz zum Aufflammen gebracht, und statt daß die deutsche Arbeiterschaft im Rahmen der physischen Kräfte eine Höchststeigerung der Arbeitsleistung anstrebte, fand die soziale Zügellosigkeit neue Anregungen, teils durch die paneuropäischen Zerrüttungserscheinungen — auf dem sozialen Gebiete überall Streiks, Aussperrungen, Arbeitsscheu auslösend — teils aus dem besonderen wirtschaftlichen Niedergang Deutschlands infolge der Ausführung des Versailler Diktats und der versuchten Ausführung des Londoner Zahlungsplans [3]). Die Arbeiterschaft (im weitesten Sinne) eines in Not befindlichen Volkes hat nur zwei Möglichkeiten diesen Notzustand zu überwinden: entweder völlige Apathie d. h. Warten auf absolute Verelendung oder: Mehrarbeit, wobei der Wille das Primäre, die Zeitfrage das Sekundäre ist.

Die Führer der deutschen Arbeiterschaft wählten einen dritten Weg, der nie den Notzustand der Volkswirtschaft zu beseitigen vermag: sie warfen neue Scheite in den sozialen Brand, und sie identifizieren zum großen Teil die Frage der Erfüllbarkeit mit der

---

1) Ernst Horneffer: Die große Wunde, München-Berlin 1922: R. Oldenbourg.

2) Bezeichnend für den Umfang des Mißtrauens ist die davor warnende Äußerung Bernsteins auf dem Augsburger Parteitag der S. P. D. September 1922: „Die Notwendigkeit einer Steigerung der Produktion könne man nicht deswegen leugnen, weil sie auch von der Stinnespresse gefordert werde" ... oder ... „weil sie dem Unternehmer zugute käme". (DAZ Nr. 403/4, vom 21. Sept. 1922.)

3) Der Kommunist Dr. Pawlowski schreibt: „Die objektiven Bedingungen erzwingen in der nächsten Zeit eine Hochflut des Klassenkampfes in Deutschland. Es wird ein Kampf aller gegen alle, ein Kampf auf Leben und Tod sein" (P.: Der Bankrott Deutschlands, 1921 S. 7—8).

Frage, ob die Unternehmer guten Willens seien, dem Gegner zu geben, was des Gegners sei, und dem Arbeiter zu geben, was des Arbeiters sei [1]). Daß solche Demagogie die Atmosphäre des Mißtrauens versteift und den Arbeitswillen auf allen Gebieten [2]) schwächt, ist klar. Damit soll natürlich nicht gesagt sein, daß die Hände in den Schoß gelegt wurden (ein Industrievolk würde auf diesem Wege auch bald einer Hungersnot ausgeliefert sein), aber was geschafft wurde, trug den Notanforderungen, die die Abtrennung wichtiger landwirtschaftlicher und industrieller Bezirke durch den Versailler Vertrag an den übrig bleibenden Rumpf Deutschlands stellte, keine Rechnung. Um Verurteilung oder Entschuldigung handelt es sich hier nicht, nur die Tatsachen müssen konstatiert werden, um aus ihnen die dynamischen Kräfte herauszulesen. Und bei aller Würdigung der äußeren sozialen Beruhigung, die das Jahr 1922 kennzeichnet, wirkt meines Erachtens der Gegensatz zwischen Kapital und Arbeit unter der sichtbaren Oberfläche, vor allem in der Literatur [3]), doch so weiter, daß mit einer wesentlichen Steigerung des Arbeitswillens nicht gerechnet werden kann. Ich schließe mich vollinhaltlich dem Urteil Ernst Horneffers [4]) an: „Das schwerste Hindernis für den Erfolg der deutschen Wirtschaft liegt offenbar in dem sozialen Zwiespalt unseres Volkes, in dem anscheinend unüberbrückbaren Gegensatz zwischen Arbeitgebern und Arbeitnehmern".

Als notwendige Ergänzung ist noch festzustellen, daß eine Steigerung des Arbeitswillens durch staatlichen Zwang, mag dies eigenstaatlicher oder fremdstaatlicher sein, nicht möglich ist. Der äußere Grund für das Versagen liegt in den Schwierigkeiten der Organisation: es kann nicht für jeden Arbeitsprozeß einen

---

[1]) „Grade die Arbeiterschaft betonte gerne und willig unsere Verpflichtung zur Leistung von Wiedergutmachungen, deren Abbürdung sie sich aus dem Kapitel der Besitzenden dachten" (Seibt: Deutschlands kranke Wirtschaft und ihre Wiederherstellung, Bonn 1923, S. 65).

[2]) Für die Landwirtschaft urteilt Th. Brinkmann dementsprechend: „Die wichtigste Voraussetzung für eine leistungsfähige Landwirtschaft ist der Ausgleich der sozialen Gegensätze auf dem Land... Der Klassenkampf tötet die Schaffensfreude des Unternehmers und lähmt die Arbeitslust des Arbeiters." (Handbuch der Politik, 4. Bd. 1922, Art.: Die Steigerung der landwirtschaftlichen Erzeugung, S. 199–215, S. 215.)

[3]) Vgl. z. B. Dr. Pawlowski: Der Bankrott Deutschlands (1922), S. 36, 59–71, K. Heinig: Das notleidende Kapital (1921) (mißtrauische Polemik gegen Deutsch); O. Hertz-R. Seidel: Arbeitszeit, Arbeitslohn und Arbeitsleistung (1923). In der sonst durchaus ernst zu nehmenden letzteren Schrift heißt es von Stinnes, er denke nicht als Wirtschafter, sondern als Spekulant, sein Streben richte sich nur auf größere Macht, nicht aber auf Gesundung der deutschen Volkswirtschaft" und: „wer wagt heute noch zu sprechen von der Unentbehrlichkeit der Funktion des Unternehmers" (S. 149/150). Vgl. auch die Hetze der linksorientierten Presse gegen Stinnes in der jüngsten Zeit.

[4]) Ernst Horneffer: Die große Wunde, 1922, S. 1.

Aufseher geben. Und selbst wenn man einen solchen Apparat für die wichtigsten Zweige der Produktion ins Leben riefe, so würde jegliche Wirksamkeit an der inneren psychologischen Reaktion scheitern. Man kann die Arbeitszeit zwangsweise ausdehnen — z. B. in der Form eines Gesetzes oder in Tarifverträgen —, aber wenn der Wille des Arbeitenden auf passive Resistenz eingestellt ist, kann kein Machtmittel der Welt, auch nicht Bajonette, eine Mehrleistung erzwingen. Jedes Gebot in dieser Hinsicht würde ebenso scheitern wie z. B. das Verbot des Schleichhandels. Diese Grenze der staatlichen Machtsphäre, die uns schon bei der Erörterung der Konsumeinschränkung begegnet ist, würde selbst in einem sozialistisch organisierten Gemeinwesen, das die Verfügungsgewalt über alle Produktionsmittel hat, nicht aus der Welt geschafft werden können.

Daß der Staat einige Mittel in der Hand hat, um den Arbeitswillen zu steigern, braucht dabei nicht bestritten zu werden. Er kann durch eine geschickte Lohnpolitik einen gewissen Zwang zu Mehrleistungen ausüben und durch eine allgemeine Betonung des sozialen Gesichtspunktes in der Politik die bestehenden Gegensätze zwischen Kapital und Arbeit mildern. Aber man muß sich stets vor Augen halten, daß solche Mittel nur als Regulative gewertet werden dürfen, die die souveränen Grundursachen nicht beseitigen, sondern höchstens die Wirkung abschwächen.

Ich fasse zusammen: Den Möglichkeiten, die für die Ausgleichung des Produktionsdefizits und die Erzielung eines Überschusses durch Steigerung gewisser Produktionskategorien gegeben sind, stehen in bezug auf den ausschlaggebenden Faktor Arbeit hauptsächlich folgende Hemmnisse entgegen:

1. die Zerrüttung der physiologischen Grundlage,
2. die Sklavendiensterkenntnis (der der fremde Gläubiger ohnmächtig gegenübersteht),
3. der Gegensatz zwischen Kapital und Arbeit (den der deutsche Staat in absehbarer Zeit nur wenig zu mildern vermögen wird).

Jede verlangte Mehrleistung in der Höhe von Goldmilliarden wird durch die Hemmnisse unmöglich gemacht. Der eherne Faktor der Not, die drohende Gefahr des Reichszerfalls, wird vielleicht die zur Ausgleichung des Produktions**defizits** notwendige Mehrleistung erzwingen — irgendwelche **Aktivbefähigung** für jährlich laufende Reparationsleistungen ist vorderhand ausgeschlossen.

§ 24. d) Die Passivbefähigung der Weltwirtschaft.

Mit der gewonnenen Erkenntnis, daß die Forderung der Produktionssteigerung im verlangten Ausmaße an den gegebenen Bedingungen der deutschen Volkswirtschaft scheitert, ist an sich die

Frage der Erfüllbarkeit der Reparationsverpflichtungen endgültig beantwortet und das Scheitern jeder Reparationspolitik, die, der gegebenen Sachlage zum Trotz, weitere Leistungen aus dem Boden stampfen will, als logische Konsequenz des Mißverhältnisses zwischen Leistungssoll und Leistungsfonds erwiesen. Wenn trotzdem der Passivbefähigung der Weltwirtschaft noch ein besonderer Paragraph gewidmet werden soll, so geschieht dies aus einem bedeutsamen Grunde. Für die besondere Frage der Erfüllbarkeit mag es genügen, die mangelnde Aktivbefähigung Deutschlands zu erweisen, für das allgemeine volkswirtschaftliche Leistungsproblem ist das nur eine Seite. Die andere Seite — das Empfangsproblem im weiteren Sinne [1]) — ist für eine Arbeit wie diese, die die systematisch noch kaum behandelten Grundzusammenhänge hervorheben soll, eine notwendige Ergänzung. Außerdem ist damit ein bedeutsames volkswirtschaftliches Argument gegen Ansichten gegeben, die die Leistungskraft Deutschlands nicht so niedrig einschätzen, wie ich es getan habe. Solche Einwände gegen die Leugnung der Aktivbefähigung rechnen mit (meines Erachtens utopischen) Expansionskräften im Schoße der deutschen Produktion, die von heute auf morgen oder von diesem Jahr zum nächsten eine Riesenanwachsen des Exports in Aussicht stellen.

Nehmen wir doch einmal an, daß in Deutschland die Produktion so gewaltig gesteigert würde, daß über die dadurch bedingte Konsumtionssteigerung an selbstproduzierten oder importierten Produktionsmitteln hinaus Milliardenwerte als volkswirtschaftlicher Reinertrag zur Verfügung stünden. Der Teil davon, der in die inländische Volkswirtschaft eingeht (Produktion für eigenen Bedarf), bedeutet für die jährliche Produktionsbilanz kein sofortiges Aktivum, da die Posten auf der Konsumtionsseite entsprechend steigen und erst in späteren Wirtschaftsjahren die etwa gesteigerte physische Leistungsfähigung des Volks oder die Vermehrung des Produktionskapitals sich bemerkbar machen würde. Der andere Teil aber wird in seinem Werte für die Volkswirtschaft erst dann realisiert, wenn sich im Ausland der Empfänger gefunden hat, der den vollen Gegenwert leistet. Die Wirksamkeit der Mehrproduktion würde also abhängen von einer Steigerung des vollbezahlten Exports [2]).

I. Der theoretische Zusammenhang.

Die theoretische Seite des Problems, über die schon in anderem Zusammenhang und unter einem anderen Gesichtspunkt einige Bemerkungen gegeben wurden [3]), ist mit hervorragender Deutlichkeit in dem Gutachten betont worden, das der Direktor

---

[1]) Vgl. oben § 15.

[2]) Im Gegensatz zu dem unterbezahlten Export, dem Verkauf an Ausländer im Inland zum Inlandspreisniveau (Kategorie P 2 a).

[3]) Vgl. oben § 15.

der deutschen Effekten- und Wechselbank Dr. Albert Hahn der Sozialisierungskommission erstattete [1]). Für den Umfang, in dem Überschüsse aus der laufenden Wirtschaft erzielt werden können und die Erfassung von Kapitalanlagewerten geschehen kann, ist die Nachfrage, die das Ausland entwickelt, ebenso entscheidend wie die Produktivität selber. Der Standpunkt der ökonomischen Theorie, daß der Umfang der Konsumtionsmöglichkeiten durch den Umfang der Produktionsmöglichkeiten begrenzt wird, ist ebenso richtig in seiner Umkehrung: der Umfang der Produktionsmöglichkeiten wird durch den Umfang der Konsumtionsmöglichkeiten begrenzt. Für alle Arbeit auf Bestellung liegt dies klar auf der Hand, und für die Arbeit auf Vorrat läßt es sich ebenso einsehen, wenn man das Störungsphänomen einer Überproduktion, die Absatzkrise, in die Betrachtung hineinbezieht. Die Überproduktion ist logisch zunächst einmal eine Mehrproduktion, die also günstig für die jährliche Wirtschafts- oder Produktionsbilanz in Erscheinung tritt. Dadurch aber, daß die Nachfrage gesättigt ist und der sinkende Wert der überproduzierten Waren auch den Preis für die im Rahmen der gegebenen Nachfrage produzierten Waren herabdrückt, ergibt sich schließlich, insgesamt volkswirtschaftlich angesehen, kein Vorteil mehr für die Produktionsbilanz. Denn in dem Produktionswertprodukt: Menge × Einzelwert hat sich zwar der Faktor „Menge" vermehrt, aber der Faktor „Einzelwert" vermindert. Ob sich nicht nur kein Vorteil, sondern sogar ein Nachteil ergibt (Arbeitslosigkeit, Kapitalkrise), sei dahingestellt. Hier kommt es darauf an, festzustellen, daß der Umfang der Produktionsmöglichkeit durch den der Konsumtionsmöglichkeit begrenzt ist.

Von den beiden Kategorien der Produktion: solche für den eigenen Bedarf und solche für den Fremdbedarf ist der Umfang der letzteren durch die Aufnahmefähigkeit der fremden Volkswirtschaften, d. h. die Nachfrage von Seiten ihrer Angehörigen, begrenzt. Von dieser Nachfrage interessiert uns hier diejenige, die auf dem Wege offiziellen Exports befriedigt wird. Der andere Teil (Nachfrage durch die im Inlande sich aufhaltenden Ausländer, unsichtbarer Export) muß ausgeschaltet werden wegen seines schon mehrfach erwähnten eigentümlichen Charakters. Solange infolge des Zustandes einer potenzierten Valutaschwäche diese Nachfrage zu billig befriedigt wird, wird sie die Tendenz der Steigerung aufweisen. Und mit jeder Steigerung wächst die Gefahr. Fällt dagegen die Differenz zwischen Auslandsentwertung und inländischem Preisniveau fort, dann wird automatisch diese Nachfrage (deren Steigerung jetzt nichts mehr schaden würde) verringert, und sie kehrt schließlich zusammengeschrumpft in

[1]) Verh. S. K. I, S. 163—170.

ihren gewöhnlichen Rahmen — Nachfrage, die auf dem gewöhnlichen Exportwege befriedigt wird — zurück. Auf letztere muß sich dementsprechend die nachfolgende Erörterung beschränken, und die angewendeten Begriffe Aufnahmefähigkeit, Absatz, Ausfuhr usw. beziehen sich also immer nur auf den offiziellen Export.

Der dargelegte theoretische Zusammenhang zwischen Exportproduktion und Absatz ist die theoretische Formel, aus der sich die Bedeutung der weltwirtschaftlichen Verhältnisse für das Reparationsproblem ergibt bezw. die Begrenzung der Aktivbefähigung der deutschen Volkswirtschaft durch die Passivbefähigung der Weltwirtschaft. In konkreter Anwendung und Zuspitzung auf Gegenwart und nahe Zukunft ergibt sich daraus folgende Fragestellung: Angenommen, die deutsche Leistungskraft reiche für eine Steigerung der Produktion aus, die nicht nur das Defizit der Produktionsbilanz deckt, sondern auch einen Fond für Reparationen ergeben würde [1]) — wäre für diese Mehrproduktion eine Aufnahmefähigkeit der fremden Volkswirtschaften, eine Absatzmöglichkeit auf dem Weltmarkt anzunehmen?

II. Die praktischen Aussichten.

Die Absatzmöglichkeit ist abhängig von zwei Voraussetzungen:

A. dem Bedarf und der notwendigen Kaufkraft,

B. der Gestaltung der Konkurrenzverhältnisse.

Bedarf und Kaufkraft bestimmen den Umfang der effektiven Nachfrage, die Konkurrenzverhältnisse entscheiden darüber, wer die Nachfrage zu befriedigen berufen ist.

A. Bedarf und Kaufkraft.

Die Frage, ob für eine zusätzliche Milliardenproduktion Bedarf vorhanden sein wird, ist nur richtig zu beurteilen, wenn man sich die Zerrüttung Europas infolge des Krieges und ihre Wirkungen auf die Weltwirtschaft vor Augen hält. Die paneuropäische Wirtschaftskrisis wies drei Erscheinungsformen auf: erhebliche Unterproduktion, relative Unterkonsumtion gegenüber dem Optimum und Unterkapitalisation. Statt daß nun nach der Beendigung des militärischen Kriegszustandes alle Kräfte eingesetzt wurden, um diese Mißverhältnisse zu beseitigen, beutete die Mächtegruppe der Entente ihr militärisches Übergewicht dazu aus, dem besiegten Deutschland Lasten aufzuerlegen, die die mit fast allen anderen europäischen Staaten geteilte Kriegserkrankung der Volkswirtschaft bis ins Extrem verschärften. Man drängte es in den Strudel der Geldentwertung hinein, indem man es Ver-

---

[1]) Die Aktivbefähigung wird z. B. von Dr. H. Jiebel bejaht, so daß sich die Reparationsfrage für ihn ausschließlich auf das weltwirtschaftliche Absatzproblem zuspitzt (Art.: Die Reparationsfrage: Berl. Börsenkurier Nr. 266 v. 10. 6. 21).

pflichtungen zu erfüllen zwang, die den Weltdevisenmarkt außer Rand und Band brachten.

Zwar setzte auf der anderen Seite eine fieberhafte Produktion ein, die natürliche Reaktion auf die Unterproduktion der Kriegsjahre. Mit der jahrelangen Unterkonsumtion (wegen Produktionsausfalls) war ein scharfer Antrieb zu einer starken Rohstoff- und Industriekonjunktur gegeben, und die Produktion fast aller am Weltmarkt beteiligten Länder schnellte empor. Aber diese Weltmarktkonjunktur brach sich an der Kurzsichtigkeit der zum Wiederaufbau Europas berufenen Stellen. Statt daß die Konjunktur ihr notwendiges Korrelat in den effektiven Wiederaufbaubedürfnissen des Kriegsbeteiligten Europas fand, scheiterte sie gerade an den „Maßnahmen" zu diesem Wiederaufbau. Diese Maßnahmen nämlich, die durch Friedens- und Handelsverträge hätten fundiert werden sollen, fanden ihren diktatmäßigen Ausdruck in dem wirtschaftszerstörenden Vertrag von Versailles, der zwar den Bedarf des europäischen Kontinents nicht aus der Welt schaffte (dies diente der Konjunktur zum Vorteil), aber das Effektivwerden der Nachfrage untergrub, indem die überragende Volkswirtschaft Mitteleuropas, Deutschland, in den Zustand der Verarmung hineingestoßen wurde. Dies ist die weltwirtschaftliche Bedeutung des Versailler Vertrages und weiterhin des Genfer Entscheids über Oberschlesien und des Londoner Ultimatums.

Der Umschlag von der Konjunktur zur Überproduktionskrise [1]) ließ darum auch nicht lange auf sich warten. Der Mangel an Kaufkraft, besonders in Rußland, Österreich, Ungarn, Deutschland, aber auch Frankreich und Belgien, der die Befriedigung des dringendsten Bedarfs für den wirtschaftlichen Wiederaufbau verhinderte, wirkte so, daß schon mit dem Jahre 1920, als sich die ersten Wunden am europäischen Wirtschaftskörper zu schließen begannen (verhältnismäßig schneller Aufschwung Englands, Belgiens, Italiens) auf dem Weltmarkt eine Absatzkrise von unerwarteter Heftigkeit einsetzte, von der kaum ein Land verschont blieb. Von der Rohstoffkrise [2]), die einen starken Preissturz für Nahrungsmittel, Genußmittel, Düngemittel, Erze, Metalle, Kleidungsrohstoffe, Gummi usw. [3]) bewirkte, wurden besonders die Länder der südlichen Halbkugel betroffen (Cuba, Argentinien, Niederländisch-Indien, Ceylon, Brasilien, Chile), die Industrie-

---

[1]) Daß, wenn man den Bedarf der letzten Jahre vor dem Kriege zugrundelegt, von einer industriellen Überproduktion nicht die Rede sein kann, mag als Vorbehalt für die Berechtigung des Ausdrucks „Überproduktionskrise" beiläufig erwähnt werden.

[2]) Lit.: E. Schultze: Zerrüttung der Weltwirtschaft, 1. Aufl. 1922, bes. S. 77—109.

[3]) Nur Kohle und Petroleum blieben vorläufig knapp. Aber inzwischen sind auch sie in die Absatzkrise hineinbezogen worden (Schultze, a. a. O. 1. Aufl. 1922, Kap. 7, S. 160—174, und 2. Aufl. 1923, S. 298—319).

krisis, auch schon 1920 einsetzend, traf mit großer Schärfe Japan. China und viele europäischen Länder (so Spanien, die Schweiz. Schweden, Norwegen, Belgien, Holland, Italien) und bewirkte wachsende Arbeitslosigkeit[1]). Die weltwirtschaftliche Paradoxie des Versailler Vertrages wurde aber besonders durch die Krisis auf dem Frachtenmarkt gekennzeichnet. Nach Anlage III § 1 zum VIII. Teil mußte Deutschland fast seine ganze Handelsflotte an die Entente ausliefern, obwohl, wie Schultze feststellt [2]), der Frachtenmangel schon Mitte 1919 voraussehbar war. Deutschland mußte dies hervorragende Mittel zur Verbesserung der Zahlungsbilanz hergeben, und auf dem Weltmarkt stürzten die Frachtsätze herab wegen Überangebots an Schiffsraum. Bei allen unter der Krisis leidenden Ländern entstand nun die natürliche Strömung, in dem Maße, wie sich der Weltmarkt aufnahmeunfähig erwies, auch ihrerseits mit allen Mitteln der Handelspolitik den Import einzuschränken. Das emo-, ut-emas-Prinzip verschaffte sich weiteste Geltung. In Auswirkung der Krise bildete sich neben der Gruppe der Nationen, die zwar dringenden Bedarf haben und importieren wollen, denen es aber an Kaufkraft fehlt, eine andere Gruppe von Nationen, die zwar über die Kaufkraft verfügen, aber trotzdem möglichst wenig importieren wollen (Hauptbeispiel: Vereinigte Staaten). Es ergibt sich dadurch ein Gewirr von Ursache und Wirkung, das dem Weltmarkt ein nervöses Gepräge gibt und auf alle Beteiligten auf die Dauer einen nachteiligen Einfluß ausüben muß [3]). Dieser Lage sieht sich die heutige deutsche Volkswirtschaft gegenüber, und da sich die Beruhigung und der Wiederaufbau Europas immer hoffnungsloser verzögert, ist mit einer Änderung des Mißverhältnisses zwischen Produktion und Absatz einerseits, zwischen Bedarf und Kaufkraft andererseits nicht zu rechnen [4]).

Die dargelegten Hemmnisse für eine Steigerung der effektiven Nachfrage können natürlich nicht so verstanden werden, als ob mit einer Steigerung des Weltmarktbedarfs an Lebensmitteln, Rohstoffen, Halb- und Ganzfabrikaten überhaupt nicht gerechnet werden könnte. Es sprechen zu viel unübersehbare Triebkräfte mit, als daß mit apodiktischer Sicherheit die Möglichkeit einer

---

[1]) Vgl. Geh. Rat Momber: Erwerbslosigkeit und Valuta (Art. in der DAZ vom 16. Aug. 1922, Nr. 355). Er weist nach, daß die Arbeitslosenziffern im umgekehrten Verhältnis zu der Entwertung der Valuta stehen.

[2]) E. Schultze: a. a. O. 1. Aufl. S. 136.

[3]) Ein groteskes territoriales Beispiel bildet Lateinamerika. Es sitzt auf ungeheueren Produktenmengen, die in Mitteleuropa bitter nötig gebraucht werden, vermag aber von seinem Überfluß nur mühsam und zu verlustbringenden Preisen einen Teil abzustoßen (vgl. O. L. Herrmann: Lateinamerika und Genua, DAZ Nr. 164, vom 6. April 1922).

[4]) Neuerdings scheint die rückläufige Preisbewegung zum Stillstand zu kommen. Vgl.: Wirtschaft und Statistik, Heft 3—4, 1923, S. 102.

Steigerung der effektiven Nachfrage geleugnet werden könnte. Aber zweierlei wird man mit Sicherheit aus der geschilderten Entwicklung und dem derzeitigen Zustand der Valutazersprengung folgern können:

1. Die Bedarfssteigerung wird sich mehr auf notwendige Rohstoffe und Lebensmittel als auf Fabrikate erstrecken [1]) (und dies ist für Länder mit einer Exportgestaltung, wie sie Deutschland hat [2]), besonders ungünstig).

2. Eine Steigerung der effektiven Nachfrage in einem Ausmaße, das für alle in Betracht kommenden Produktionsländer eine Konjunktur hervorrufen würde, erscheint vorläufig ausgeschlossen, solange nicht ein Umschwung der Weltstimmung eintritt.

Damit gelangen wir auf die Bedeutung der Konkurrenzverhältnisse:

B. Die Gestaltung der Konkurrenzverhältnisse.

Die Konkurrenzverhältnisse sind nicht nur entscheidend für den auf Deutschland entfallenden Anteil an einer etwaigen Steigerung der effektiven Nachfrage, sondern auch für den Anteil an einem konstant angenommenen Bedarf. Denn eine Steigerung des Absatzes, von dem Standpunkt einer nationalen Volkswirtschaft aus gesehen, ist ja logisch nicht nur durch Steigerung der Gesamtnachfrage denkbar, sondern auch durch Verdrängung fremder Erzeugnisse von ihrem bisherigen Absatzgebiet. Dieses Absatzgebiet kann mit dem Herstellungsland zusammenfallen (B.: Deutschland kommt auf den englischen Markt mit Waren, die auch in England hergestellt werden) oder ein anderes Land sein (B.: Deutschland begegnet der englischen Konkurrenz in China). Begrifflich spielt der Unterschied keine Rolle, wohl aber praktisch, indem jeder Staat gegenüber der Einfuhr von Gütern, die im Inland selbst erzeugt werden, andere Machtmittel hat als gegenüber der Konkurrenz auf fremden Märkten.

Die Frage lautet: Sind die Konkurrenzverhältnisse für Deutschland (sei es zwecks Verdrängung fremder Produktion oder sei es zwecks Aneignung eines Anteils an der Mehrnachfrage)

---

[1]) In der Denkschrift der deutschen Delegation für Genua: „Die gegenwärtigen Störungen der Weltwirtschaft" wird nachgewiesen, daß der Außenhandel Englands, der Vereinigten Staaten, Frankreichs und Deutschlands zusammen von 6,5 Md. monatsdurchschnittlich 1913 auf rund 4,8 Md. monatsdurchschnittlich 1921 (in Friedens-Goldmark) gesunken ist, also um mehr als ein Drittel. Dabei hat sich der Lebensmittelwelthandel dieser Industrieländer in Friedenshöhe gehalten, der Rohstoff- und Fabrikathandel ist jedoch um mehr als ein volles Drittel zurückgegangen (Vgl. Hilferding: Die Weltpolitik usw. in Schmollers Jahrbüchern Heft 3–4, 1922, S. 1–28, S. 22).

[2]) 1909–1913 schwankte der Prozentanteil an der Gesamtausfuhr für Rohstoffe: von 15,0 bis 15,5 %, für Halbfabrikate: von 10,7 bis 11,3 %, für Fabrikate: von 63,3 bis 64,4 %, für Nahrungsmittel: von 8,8 bis 10 %, für lebende Tiere: von 0.1 bis 0,2 % (S. B. V. 10/1921, S. 213).

günstig oder ungünstig, und würden sie den Absatz etwaiger Mehrproduktion erleichtern oder erschweren? Die einheitliche Gesamtbeurteilung, auf die es hier allein ankommt[1]), hat drei Faktoren für die Konkurrenzaussichten in Betracht zu ziehen:

1. die Qualität der Produkte,
2. die Preisgestaltung,
3. die Frage der Gleichberechtigung.

1. Die Qualität der Produkte, die besonders für die Ausfuhr von Halb- und Ganzfabrikaten von Wichtigkeit ist, entscheidet ceteris paribus darüber, wer von zwei Bewerbern den Vorzug erhält. Für die verlangte Qualität sind bestimmend Gewohnheit, Geschmack und ähnliche Regungen. Für die Herstellung und Ausfuhr selber ist die Kenntnis dieser Empfindungen oder auch die Erweckung entsprechender Bedürfnisse eine notwendige Bedingung, der nur ein vorzüglich arbeitender Außenhandelsapparat (private oder amtliche Berichterstattung oder Propaganda) gerecht werden kann. Deutschland verfügte im Frieden über diesen Apparat, der Vertrag von Versailles hat ihn zerstört durch die Wegnahme der Kolonien und des größten Teils der Kabel, die Vernichtung der deutschen überseeischen Rechte und Interessen und die Zwangsliquidierung der meisten deutschen Auslandsanlagen (IV. Teil und 4. Abschnitt des X. Teils). Der Wiederaufbau der überseeischen Anlagen wird, wenn überhaupt im alten Umfang möglich, Jahrzehnte erfordern. Nun wird ja die kaufmännische Findigkeit Mittel und Wege ersinnen, diese Lücke auszufüllen, aber der Verlust des Friedensapparates muß sich vorläufig stark bemerkbar machen.

Was die Herstellung der Qualitätswaren anbetrifft, so sind in dieser Hinsicht die Aussichten durchaus günstig, da Deutschland ein geistig geschultes Unternehmertum und eine technisch durchgebildete Arbeiterschaft besitzt. Die Qualitätsfrage würde somit, im ganzen genommen, für Deutschland eher zum Vorteil gereichen, also jedenfalls kein Hemmnis bilden.

2. Die Preisfrage ist eng mit der äußeren und inneren Geldentwertung verknüpft. In einem Lande, wo zwischen beiden Entwertungserscheinungen eine Niveaudifferenz besteht, hat der Export hinsichtlich der Preisgestaltung bedeutend freiere Hand. Die Untergrenze liegt in den heimischen (privatwirtschaftlichen) Produktionskosten, die Obergrenze in den Weltmarktpreisen. Je größer die Spannung ist, um so leichter kann der Exporteur unter die Weltmarktpreise herabgehen und die Konkurrenz verdrängen. Daß für die heimische Volkswirtschaft der Gewinn um so größer ist, je weniger die Weltmarktpreise unterboten werden, fällt mit

[1]) Die Bedeutung von Einzelbeziehungen tritt bei der zur Diskussion stehenden Milliardensumme notwendiger Exportsteigerung zurück.

dem privatwirtschaftlichen Interesse des Exporteurs am möglichst hohen Weltmarktserlöse zusammen. Jedenfalls ist für den Export einer an potenzierter Valutaschwäche leidenden Volkswirtschaft dadurch eine starke Expansionsmöglichkeit gegeben, daß die Löhne, der überwiegende Teil der Produktionskosten, höchstens der inneren Geldentwertung angepaßt sind (wenn sie nicht hinter ihr zurückbleiben), also eine Unterbietung der Weltmarktspreise in weitem Maße geschehen kann, ehe die Produktionskostengrenze erreicht wird.

Dieser Zustand ist für Deutschland seit Auswirkung des Friedensdiktats die Regel. Und solange er besteht, genießt der deutsche Export in der Frage der Preisgestaltung eine Vorzugsstellung, die ihm allerdings durch die Antidumpinggesetzgebung (d. h. die Schutzgesetzgebung gegen die Bedrängung heimischer Industrien durch die Einfuhr aus valutaschwachen Ländern) sehr beschnitten werden kann. Gewiß erhalten die zur Abwehr des Dumping bestehenden Schutzzölle [1]) erst dann prohibitiven Charakter, wenn sie den vollen Unterschied zwischen den deutschen Produktionskosten und den Weltmarktpreisen aufsaugen, aber auch eine teilweise Aufsaugung genügt, um den Effekt für die jährliche Wirtschaftsbilanz beträchtlich zu vermindern. Aber Deutschland wird sich über diese Frage nicht den Kopf zu zerbrechen brauchen. Denn die unterstellte Steigerung der Exportproduktion um mehrere Milliarden Goldmark würde in dem Maße, wie nicht eine gleiche Vermehrung des Imports damit verbunden ist, eine Ausgleichung des Produktionsdefizits herbeiführen, die den bisher üblichen und theoretisch durchaus folgerichtigen Unterschied zwischen dem Inlandspreisniveau und der äußeren Geldentwertung beseitigen würde, was bei anhaltendem Gleichgewicht zwischen Produktion und Konsumtion eine Stabilisierung der Mark auf irgendeinem Niveau mit sich bringen würde. Von da ab würde Deutschland nicht deswegen jede Vorzugsstellung in der Preisfrage verlieren, weil vielleicht die Antidumpinggesetzgebung vollen Prohibitivcharakter angenommen hätte, sondern deswegen, weil die Ausgleichung der beiden Entwertungsniveaus eine Nullifizierung der Spanne darstellt, die Gegenstand der Antidumpinggesetzgebung war. Die Mitte 1923 noch gegebene Möglichkeit, die Konkurrenz durch Billigkeit zu verdrängen und einen erheblichen Anteil an der Befriedigung des Mehrbedarfs zu

---

[1]) Eine gedrängte Übersicht über den Stand der Antidumpinggesetzgebung Ende Juni 1921 in Frankreich, England, den Ver. Staaten, Kanada, Japan und der Schweiz gibt Dr. O. Hugo: „Die Einfuhrabwehr der Industriestaaten" (Art. in der DAZ Nr. 303, vom 1. Juli 1921). Ferner vgl. DAZ Nr. 321 v. 12. 7. 21 (Italien), Nr. 144 v. 25. 3. 22 (Südwestafrika) und Nr. 521/22 v. 30. 11. 22 (Usamerika). Fortlaufende Berichterstattung in der Industrie- und Handelszeitung, Berlin.

erhaschen, wird also grade dann illusorisch gemacht, wenn sich die innervolkswirtschaftliche Voraussetzung des Mehrexports, die Steigerung der Produktion erfüllt. Man kann meines Erachtens geradezu exakt sagen:

In dem Augenblick, wo die Steigerung der Exportproduktion über den Ausgleich des Produktionsdefizits hinaus einen Überschuß für Reparationsleistungen zu erzielen vermag, verliert Deutschland seinen einzigen Hauptvorteil im Kampf um die Absatzgebiete, nämlich seine im Vergleich zu den Weltmarktpreisen niedrigen Produktionskosten [1]).

3. Es ist klar, daß ein Verlust der Vorzugsstellung in der Preisfrage um so schärfer wirkt, je benachteiligter Deutschland sonst hinsichtlich der Gleichberechtigung im Wettbewerb dasteht. Bei der Ernährung der kaufmännischen Vorbedingung für den Absatz der Qualitätsproduktion, nämlich der Feststellung der Geschmacksrichtung oder ihrer Beeinflussung, wurde schon eine Reihe von Bestimmungen des Versailler Vertrages angeführt, die in ihren materiellen Folgen eine glatte Beeinträchtigung der Gleichberechtigung bedeuten (Wegnahme der Auslandsanlagen usw., s. oben unter 1.). Aber davon abgesehen, hat der Versailler Vertrag durch seine sonstigen handelspolitischen Bestimmungen für Deutschland eine Lage hervorgerufen, die die Gleichberechtigung jedenfalls für mindestens ein Jahrfünft bis ein Jahrzehnt praktisch ausschließt und den Gesundungsprozeß des Welthandels erschwert. Es handelt sich um den einseitigen Meistbegünstigungszwang, der Deutschland nach Art. 264 ff. auferlegt ist (X. Teil des Vertrages, 1. Abschnitt, Kapitel 1). Die Wirkung dieser Bestimmung geht weit über ihren buchstäblichen Sinn hinaus. Man wird ihrer Bedeutung nicht gerecht, wenn man darin nur einen positiven Zwang für Deutschland sieht, allgemeine Meistbegünstigung zu gewähren, und darauf hinweisen wollte, daß es in dem Vertrag ja keinem Staate verboten sei, auch seinerseits Deutschland Meistbegünstigung zu gewähren. (In der Tat ist dies von Seiten der Tschechoslowakei, Jugoslawiens, Portugal, Rußlands und praktisch auch Chinas geschehen.) Vielmehr ist der wahre Sinn der folgende:

Die Macht eines Staates, sich auf dem Weltmarkt oder bei einem einzelnen Fremdstaat Gleichberechtigung zu erzwingen, liegt — von Einflüssen der hohen Staatspolitik abgesehen — in der souveränen Bestimmung seiner Handelspolitik. Die Möglichkeit, gleiches mit gleichem zu vergelten (nach der Konzessionswie nach der Restriktionsseite) ist der Faktor, der den Einfluß des

[1]) Daß dies sich nicht auf den Anteil der Importgüter an den Produktionskosten bezieht, ergibt sich daraus, daß bei ihnen Inlandspreisniveau und Weltmarktpreisniveau immer zusammenfallen.

Staates, der ursprünglich auf seine Grenzen beschränkt ist, auch auf die anderen am Weltverkehr beteiligten Länder erstreckt. Der Meistbegünstigungszwang bedeutet die Vernichtung dieses Machtfaktors, und Deutschland ist für alle Handelsverträge mit den alliierten und assoziierten Staaten in einer ziemlich aussichtslosen Lage. Der Vertragspartner ist schon im Besitz des wichtigsten allgemeinen Zugeständnisses, das sich Deutschland erst erhandeln muß, und jede besondere Konzession Deutschlands in Zolltariffragen oder sonstwie bedeutet zwangsläufig eine Gesamtkonzession an alle anderen alliierten und assoziierten Staaten, ohne daß diese auch nur zu der geringsten Gegenleistung verpflichtet sind. Daß dieser einseitige Meistbegünstigungszwang gemäß Art. 280 vom Rate des Völkerbundes beliebig verlängert werden kann, verschärft noch seinen wahren Charakter. Deutschland sind, solange diese Bestimmung besteht, die Hände gebunden, die Gleichberechtigung im Wettbewerb wirtschaftlich zu erzwingen. Daß es dadurch um so mehr ins Nachtreffen kommt, als die allgemeine Zerrüttung der Weltwirtschaft sowieso protektionistische Strömungen begünstigt, liegt auf der Hand. Und je schärfere Formen die Störung des Weltmarktgleichgewichtes für die beteiligten Länder annimmt (Arbeitslosigkeit, sinkende Wechselkurse), um so rücksichtsloser wird man gegen Deutschland die durch den Vertrag geschaffene Lage ausnutzen, um dadurch den lästigen Import bezw. — auf drittem Markt — die lästige Konkurrenz möglichst auszuschalten.

Kurz zusammengefaßt stehen also — selbst wenn man eine Aktivbefähigung der deutschen Volkswirtschaft für gegeben hielte — dem notwendigen Absatz der erforderlichen Mehrproduktion folgende Hemmnisse entgegen:

A. Die Weltwirtschaftskrise, insbesondere eine Folge des Mangels an Kaufkraft, hat einen allgemeinen Rückgang der effektiven Nachfrage bewirkt. Erscheinungsformen: Schrumpfung der Welthandelsmengen, Verkapselung der Nationalwirtschaften [1]), allgemeiner Zollkrieg.

B. Der Vorteil im Konkurrenzkampf, der in der Befähigung Deutschlands zu Qualitätsarbeit und der Ausnutzung der potenzierten Valutaschwäche gegeben ist, wird dadurch illusorisch gemacht, daß:

1. die Spanne zwischen Außen- und Innenentwertung der Mark verschwinden wird, sobald das Gleichgewicht zwischen Gesamtproduktion und Gesamtkonsumtion hergestellt ist (und dies liegt ja im Begriff der unterstellten Aktivbefähigung), und daß

---

[1]) Die Ausdrücke sind dem mehrfach zitierten Buche von E. Schultze entnommen: Die Zerrüttung der Weltwirtschaft, 1922, 1. Aufl. (Überschrift des Kapitals 9, S. 200 und des Kapitals 14, S. 307).

2. Deutschland durch den Versailler Vertrag die Gleichberechtigung im Wettbewerb entzogen ist[1]).

Keine dieser weltwirtschaftlichen Tatsachen und Tendenzen unterliegt irgendwie nennenswert dem Einfluß des reparationsverpflichteten Deutschlands, und den Schöpfern des Versailler Vertrages und des Londoner Zahlungsplanes kann ihre weltwirtschaftliche Ahnungslosigkeit nicht besser beglaubigt werden als durch die in ihren Ländern herrschende Arbeitslosigkeit.

§ 25. e) Allgemeines Ergebnis für die Frage der Erfüllbarkeit und die Erfüllungspolitik.

In dem Unterabschnitt über die Konsumtionsfrage hatte sich als einziger Ausweg für die Erzielung eines Produktionsüberschusses die Erhöhung der Produktion ergeben. Die Art und Weise, wie an diese Frage herangegangen wurde, war diktiert von dem Bestreben, die entscheidenden Faktoren herauszufinden und die ausschlaggebenden Aussichten und Hemmnisse bei der konkreten Lage der deutschen Volkswirtschaft und der Weltwirtschaft richtig zu beurteilen. Von den in § 14 entwickelten allgemeinen Produktionskategorien wurden die drei wichtigsten zur Grundlage der besonderen Erörterung gemacht: die Produktion für eigenen Bedarf, die Produktion für Fremdbedarf im Inland und solchen im Ausland. Die Produktion für Fremdbedarf im Inland mußte schließlich wegen ihrer eigenartigen Bedeutung in Zeiten potenzierter Valutaschwäche ausgeschieden werden. Auf die anderen schon in § 14 ausgeschalteten Kategorien kann das Ergebnis, das sich für die beiden übriggebliebenen Kategorien ergab, unbedenklich ausgedehnt werden.

Dieses Ergebnis ist niederschmetternd. Die Erhöhung der Produktion in einem solchen Ausmaß, daß nach Deckung des Produktionsdefizits ein Überschuß für Reparationsleistungen erzielt wird, scheitert

I. hinsichtlich der Aktivbefähigung
   1. an der Zerrüttung der physiologischen Grundlage (im weitesten Sinne),
   2. an der Sklavendiensterkenntnis und
   3. vor allem an dem Gegensatz zwischen Kapital und Arbeit.

---

[1]) Vgl. damit den dritten der 14 Punkte Wilsons vom 8. Jan. 1918: „Beseitigung aller wirtschaftlichen Schranken, soweit möglich, und Errichtung gleicher Handelsbedingungen unter allen Nationen, die dem Frieden zustimmen und sich zu seiner Aufrechterhaltung zusammenschließen". — Die Genueser Konferenz (11. April bis 19. Mai 1922), deren akademische Erörterungen über die Hilfsmittel zum Wiederaufbau Europas zum gleichen Ergebnis kamen, hat praktisch-politisch bis heute ebenfalls keinerlei Einfluß gehabt. (Vgl. Amtliches Weißbuch: Material über die Konferenz von Genua, Reichstagsdrucksache Nr. 4378. 1. Wahlperiode, insbes. S. 95).

Ich bin mir bewußt, mit dem letzten Moment einen noch wenig beachteten Grund für die Nichterfüllbarkeit der Reparationsverpflichtungen in den Vordergrund gerückt zu haben. Aber der Gegensatz zwischen Kapital und Arbeit ist ja nur ein zugespitzter Ausdruck für die gesamte soziale Unzufriedenheit, die mit der Verteilung des Volkseinkommens zusammenhängt. Daß die Verteilungskämpfe um so unsinniger sind und um so verderblicher wirken, je weniger überhaupt zu verteilen ist (und die Verminderung des Volkseinkommens ist ja die Grundtatsache der deutschen Wirtschaftskrise) wollen die Führer der Arbeitnehmer zum größeren Teil nicht einsehen. Verhetzung steigert den Klassen- und Schichtenhaß und lähmt den Arbeitswillen derer, deren Arbeitsvertrag zum Teil wirklich oder vermeintlich anderen zufließt.

Deutschland hat eine Revolution durchgemacht, deren Ziele — man mag zu ihnen stehen, wie man will — jedenfalls nicht erreicht worden sind. Sie hat den breiten Volksschichten kein Brot gegeben (im Sinne höheren Wohlstands), und die demokratisch-politische Neuorientierung ist von einer solchen außenpolitischen Schwächung begleitet worden, daß einigen wenigen sozialen Errungenschaften nationale Knechtschaft und Verarmung gegenüberstehen. Um die Verarmung zu überwinden, bedarf es mehr als einer die inneren Verteilungskämpfe anspornenden Demagogie. Solange diese am Ruder ist und in den breiten Massen ihre Anhänger findet, ist es eine Utopie, das theoretisch berechtigte Dogma der Produktionserhöhung bei allen gegebenen industriellen und landwirtschaftlichen Expansionsmöglichkeiten in ausreichendem Maße für erfüllbar zu halten. Ebenso wie bei der Verbrauchseinschränkung versagt hinsichtlich der Steigerung des Arbeitswillens der Staat. Einem Volke muß die moralische Kraft zu beidem innewohnen [1]), diktieren läßt sie sich ihm nicht, weder vom eigenen Staat durch Gesetze, noch vom fremden Staat durch Bajonette. Dieser Mangel an moralischer Kraft ist meines Erachtens der endgültig entscheidende Grund, weshalb im Rahmen der gegebenen Produktionsmittel (einschließlich Technik und Wissenschaft) und trotz der schlechten materiellen Lage die denkbare Höchstleistung nicht erreicht wird. Ob man dies mit dem Hinweis auf die furchtbare Demoralisation in der paneuropäischen hohen Politik, begonnen mit dem Bruch der vierzehn Wilsonpunkte, oder auf die sozialen Kämpfe in anderen Ländern erklären oder entschuldigen kann, sei dahingestellt. Wir haben uns hier mit der Feststellung der Wirkung

[1]) Dr. Wirth am 1. Juni 1921 im Reichstag bei Begründung des Erfüllungsprogramms: „Das Programm kann nur gelöst werden, wenn die richtige sozial-ethische Einstellung der deutschen Volksseele gewonnen werden kann" und vor allem ein „sozialer friedfertiger Geist" Platz greift (DAZ Nr. 252 vom 2. Juni 1921).

zu begnügen: ein Volk, das sich, wie das deutsche, in einer derartig zerrütteten wirtschaftlichen Lage befindet, kann nicht wieder hochkommen, wenn es sich nicht auf seine moralischen Kräfte besinnt. Keine objektive wirtschaftswissenschaftliche Erörterung darf an diesem Zusammenhang vorübergehen, durch den eine neue Erhärtung der Lehre gegeben ist, daß den psychologischen Grundtatsachen eine hervorragende Bedeutung für die Entwicklung der Volkswirtschaft beigemessen werden muß.

II. Hinsichtlich der Passivbefähigung der Weltwirtschaft treten außerdem folgende Hemmnisse hinzu:

1. Infolge des Kaufkraftausfalls der valutaschwachen Länder und der Reaktion darauf — Verkapselung der valutastarken Nationalwirtschaften — ist die effektive Nachfrage notwendig auf ein Mindestmaß beschränkt, das den Absatz zusätzlichen Milliardenexports unmöglich machen würde, zumal

2. Deutschland die Gleichberechtigung im weltwirtschaftlichen Wettbewerb entzogen ist und es die Vorzugsstellung hinsichtlich billigerer Produktionskosten in dem Augenblick verlieren muß, in dem die wirkliche Aktivbefähigung zu Reparationen erreicht würde.

Mit dem unter I und II dargelegten Gesamtergebnis für die Produktionsfrage ist keineswegs bestritten, daß eine zielbewußte Wirtschaftspolitik des Staates, der Unternehmerverbände, Gewerkschaften usw. eine Erhöhung des Produktionsertrages herbeiführen kann. Die Theorie hat ja die Wege klar gewiesen: Umstellung der Produktion auf die als wichtig hervorgehobenen Kategorien, Steigerung des Arbeitswillens durch eine soziale Politik (insbesondere auch Siedlungspolitik) und eine auf die Milderung der Absatzschwierigkeiten hinzielende Handelspolitik [1]). Aber man muß sich der Beschränktheit dieser Mittel bewußt sein, um den utopischen Charakter der gegebenen Reparationsverpflichtungen zu erkennen.

§ 26. Gesamtzusammenfassung.

Die leitende Frage dieser Untersuchung lautete: Woran muß auf die Dauer die wirtschaftliche Erfüllung der Reparationsverpflichtungen in der gegebenen Höhe des Londoner Zahlungsplanes scheitern, und warum ist also auch jeder Versuch der staatsfinanzwirtschaftlichen Erfüllung ein Ding der Unmöglichkeit?

Die Präzisierung, die sich in der Formulierung, auf die Dauer und „in der gegebenen Höhe des Londoner Ultimatums" aus-

[1]) Das dankbarste Gebiet hierfür wird in territorialer Hinsicht Rußland sein, doch ist die Zerrüttung der russischen Wirtschaft so schwer, daß für lange Zeit hinaus die Aussichten nicht überschätzt werden dürfen (Vgl. J. Wolf: Markkurs, Reparationen und russisches Geschäft, Stuttgart 1922, S. 22—31). — Gegenseitige Meistbegünstigung besteht seit dem Vertrage von Rapallo vom 16. April 1922, Art. 4 (Wortlaut: DAZ Nr. 180 vom 18. April 1922).

drückt, ergab für die Beurteilung der Erfüllbarkeit folgende Gesichtspunkte:

1. war auszuschalten jede allgemein-theoretische oder konkrete Betrachtung über Möglichkeiten, Mittel und Auswege, irgendeine heute oder morgen fällig werdende Ratenzahlung oder Sachleistung aufzubringen, sei es durch eine Notsteuer, Auslieferung des Reichsbankgoldes, Exportdevisenbeschlagnahme oder ähnliches.

2. ergab die Annahme des Londoner Zahlungsplanes als eine ziffernmäßige Grundlage sowie der durch die Potenz dieser Ziffern bewirkte Umschlag des Problems von der Quantität zur Qualität die erwünschte Gelegenheit, die leitenden national- und weltwirtschaftlichen Zusammenhänge aufzudecken. Aus der Sphäre des Steuerkampfes, in der sich für viele Köpfe das Problem auswirkt, oder des stofflich beschränkten Gebietes (B.: Kohlenlieferungen) oder der Kreditillusionen mußte das Problem herausgehoben werden, um die entscheidende Grundlage für alle Leistungsmöglichkeiten zu finden.

Diese wurde, nachdem die Leistung aus dem Volksvermögen bei der konkreten Lage der deutschen Volkswirtschaft infolge der Kriegs- und Nachkriegsverluste abgelehnt werden mußte, in dem jährlichen Produktionsüberschuß gefunden. Mit diesem steht und fällt — die Erhaltung des Staats als conditio sine qua non vorausgesetzt — die Erfüllbarkeit der Reparationsverpflichtungen, deren wirtschaftstheoretischer Sinn die unentgeltliche Übertragung von Gold- oder Sachwerten [1]) an fremde Volkswirtschaften ist. In der konkreten Erörterung wurde dann festgestellt:

1. Die deutsche Volkswirtschaft weist in ihrem gegenwärtigen Zustand nicht nur keinen Produktions*überschuß* auf, sondern ein erhebliches Produktions*defizit*. Es ist klar, daß dieses erst gedeckt werden muß, bevor die Möglichkeit gegeben ist, einen Überschuß als Fonds für Reparationen zu erzielen.

2. Die Aussichten für die Entwicklung der nächsten Jahre lassen, insgesamt betrachtet, die Erzielung eines Produktions*überschusses* als unmöglich erscheinen. Es kann weder bei dem gegebenen Notzustand die Gesamtkonsumtion so vermindert, noch bei den gegebenen Produktivmitteln [2]) und -kräften die Gesamtproduktion so erhöht werden, daß sich eine Differenz zugunsten eines Reparationsfonds ergibt. Selbst der bloße Aus-

---

[1]) Darunter fällt ebenso die Abtretung von Forderungsrechten wie die unentgeltliche Leistung von Diensten, die ja auch einen Goldwert haben, auf den eben deutscherseits verzichtet wird. B. für die Form der Dienstleistungen: der Reparationsplan Trocquer (französische Wasserbaupläne). Vgl. DAZ Nr. 301 (15. 7.), 302 (15. 7.), 321 (27. 7.) und 333 (3. 8. 1922).

[2]) Auch wenn die Wiedereinverleibung abgetrennter deutscher Rohstoffe und landwirtschaftlicher Überschußgebiete politisches Ziel bleibt, so kann dies doch nicht in Rechnung gestellt werden.

gleich des Produktionsdefizits ohne Hinzuziehung des Volksvermögens, der ja unbedingt irgendwann eintreten muß, wenn die Volks- und Staatseinheit gewahrt bleiben soll [1]), wird nicht ohne verschärfte Erschütterung (Arbeitslosigkeit, Hungerkrise, vielleicht revolutionäre Ausbrüche) vor sich gehen.

Damit sind die entscheidenden volkswirtschaftlichen Gründe für die Unerfüllbarkeit der Reparationsverpflichtungen gegeben; daß infolge des Verhältnisses zwischen Volkswirtschaft und Steuerkraft dies auch die Unmöglichkeit der staatsfinanzwirtschaftlichen Erfüllung bedeutet, braucht nur der Zusammenfassung halber wiederholt zu werden. Alle Versuche der Gläubiger, die Erfüllbarkeit der utopischen Forderungen zu erzwingen, sei es, daß sie den deutschen Staat durch Drohungen zwingen, der Volkswirtschaft den Tribut abzupressen, oder sei es, daß sie sich den Tribut in Form von Sachleistungen selbst zu holen versuchen (wie z. B. durch den Ruhreinfall), können nur die Wirkung haben, den Ausgleich des Produktionsdefizits zu erschweren und die Einbuße an volkswirtschaftlichem Vermögen noch weiter zu verstärken. Der auf die Spitze getriebene Konflikt zwischen den staatlichen Lebens- und Wiederaufbaunotwendigkeiten einerseits und einer zwangsweisen Aufbringung theoretisch unmöglicher Leistungen andererseits ist nur lösbar durch den Verzicht auf eines von beiden. Im ersten Fall bedeutet dies nichts anderes als den Reichszerfall (diese Prognose kann mit absoluter wissenschaftlicher Berechtigung gestellt werden [2])), im zweiten die notwendige Ruhepause für die deutsche Wirtschaft, deren sie zur Wiederherstellung des natürlichen [3]) Gleichgewichts der Produktionsbilanz bedarf. Daß der deutsche Staat in dieser Alternative nicht auf die Lebens- und Wiederaufbaunotwendigkeiten verzichten kann, ergibt sich aus

---

[1]) Stinnes sagt in gleichem Sinne mit vollem Recht: „Wenn Deutschland nicht produktiv werden kann, fällt das Reich auseinander. Denn Teile sind produktiv, und die Teile lassen sich nicht zusammenspannen, wenn nicht das Ganze produktiv wird“. (Rede vom 9. Nov. 1922 im Ausschuß des RWR, DAZ Nr. 493/494 vom 12. Nov. 1922, Beiblatt, Spalte 5).

[2]) Daß Frankreich diese Erkenntnis teilt und den Reichszerfall als Wirkung seiner gewaltsamen Politik zur Erzwingung unmöglicher Leistungen anstrebt, ist sogar von hervorragender englischer Seite zugegeben worden (Artikelserie Lloyd Georges in der DAZ Art. VIII: „Frankreichs Aktion gegen Deutschland“, Nr. 32/33 vom 21. Jan. 1923). Die Ruhrbesetzung etwa damit zu motivieren, Deutschland habe keinen Produktionsüberschuß, darum müsse man sich an sein Vermögen halten und die vorhandenen Kohlenvorräte selbst ausbeuten („Produktive Pfänder“), ist wirtschaftstheoretisch parodox. Denn jede Wegnahme von Kohle belastet die Produktionsbilanz und vergrößert das jährliche Produktionsdefizit. Also selbst wenn der Reichszerfall nicht direktes politisches Ziel der Besetzung wäre, rückt er doch auf jeden Fall als rein wirtschaftliche Folgeerscheinung in bedrohliche Nähe.

[3]) Im Gegensatz zu einem zwangsweisen Ausgleich durch Heranziehung der produktionellen oder konsumtionellen Vermögensubstanz, wie er gegenwärtig stattfindet.

seiner Verantwortlichkeit für die Volkseinheit, deren genossenschaftliche Organisation er verkörpert. Wo die Existenz einer Volksgemeinschaft auf dem Spiele steht (traurig genug, daß viele Kreise sich dieser Tatsache gar nicht bewußt sind), ist der feste Wille des Staates zu Leistungen nicht mehr frei. Er wird gebrochen durch das höhere Gesetz der staatlichen Selbsterhaltung. Aus einer Nichterfüllung der utopischen Verpflichtungen den schlechten Willen Deutschlands zu folgern, ist ein Schluß, der nur als Mittel imperialistischer Eroberungspolitik gewertet werden kann und moralisch um so berechtigter ist, als der deutsche Staat bereits enorme Leistungen aufgebracht hat [1]).

Dem Nachweis des wirtschaftlichen Tatbestandes, der die notwendige Unterlage zu diesem Urteil bildet, dienten die allgemein-theoretischen und konkreten Erörterungen dieser Arbeit. Je nachdem die Gläubigerstaaten oder neutrale Staaten, die zu einem Einfluß befähigt sind, diesem Tatbestand Rechnung tragen, wird die „wirtschaftliche Lösung" des Reparationsproblems [2]) vermieden. Daß dadurch der paneuropäische Wiederaufbau in ganz anderer Weise gefördert wird als durch den Zerfall des zentralen Wirtschaftsgebietes, ergibt sich aus der Verknüpfung beider Probleme. Die gesunkene Kaufkraft Deutschlands steht unter den Gründen der Weltwirtschaftskrise seit 1920 an erster Stelle, und die weltwirtschaftlichen Folgen einer Zersplitterung des deutschen Reiches sind kaum abzusehen. Der eben begonnene Wiederaufbau der Wirtschaft und Kultur Europas würde einen Rückschlag erfahren, wie er krasser nicht denkbar ist.

Dem einzelnen Angehörigen der deutschen oder fremden Volkswirtschaft, an den die Forderung: Weniger genießen und mehr arbeiten! gestellt werden muß, mögen solche Perspektiven gleichgültig sein. Wenn aber die Leiter der Weltpolitik und ihre wirtschaftlichen Hintermänner es versäumen, aus ihnen die notwendigen Folgerungen zu ziehen, muß man sie für das kommende Unheil

---

[1]) Nach der letzten amtlichen Gesamtaufstellung in der „Denkschrift Wirtschaftslage" (S. 9—14) betrugen bis zum 31. Dezember 1922:

A. Die Reparationsleistungen zusammen:	42,78	Md. GM.
und zwar aus vorhandenen Beständen:	36,798	„ „
aus laufender Produktion:	3,752	„ „
an Barleistungen:	2,230	„ „

B. von sonstigen Leistungen (Gesamtsumme nicht annähernd feststellbar) u. a.: die Besatzungskosten: rd. 4 ½ Md. GM., ferner die Ausgaben für interalliierte Kommissionen: rd. 0,1 Md. GM., sowie (bis 30. Nov. 1922) die Ausgleichszahlungen: rd. 0,6 Md. GM.

Einen bemerkenswerten Vergleich zwischen den französischen Leistungen 1871 und den deutschen Leistungen bis zum 30. April 1921, soweit sie sogar von der Entente selbst zugegeben werden, zieht Jastrow in der „Deutsch-französischen Wirtschaftskorrespondenz" Nr. 3, 15. 3. 1923, S. 8—9 („Les paiements effectués par l'Allemagne").

[2]) S. oben § 8.

moralisch verantwortlich machen. Die Wirtschaftswissenschaft hat ihrer Aufgabe genügt, wenn sie ohne Beschönigung oder Vertuschung und ohne parteipolitische Einstellung die fundamentalen Voraussetzungen jeder laufenden großen Tributleistung klarstellt und für den besonders gegebenen Fall neben den denkbaren Möglichkeiten die ausschlaggebenden volks- und weltwirtschaftlichen Hemmnisse aufweist.

Die formal-juristische Handhabe für eine den Erkenntnissen der Wirtschaftswissenschaft entsprechenden Revision der Reparationsverpflichtungen ist im Artikel 234 des Versailler Vertrages gegeben, nach dem die Reparationskommission die Leistungsfähigkeit Deutschlands zu prüfen hat und nicht nur Fristen und Tilgungsarten ändern, sondern auch bei den einzelnen Regierungen eine Ermächtigung zur Herabsetzung der Beträge beantragen kann.

Die Reparationsverpflichtungen so lange ruhen zu lassen, bis die deutsche Volkswirtschaft sich erholt hat, und sie dann zu begrenzen auf den moralisch und wirtschaftlich gerechtfertigten Betrag, ist der einzige Weg, den europäischen Kontinent und die Weltwirtschaft vor einer Verschärfung der wirtschaftlich-finanziellen Krise, vor neuen innen- und außenpolitischen Konflikten und vor einer weiteren moralischen Degeneration zu bewahren.

Anhang.

Daten zur Entwickelung der Reparationsverpflichtung seit der dritten Londoner Konferenz.

Vorbemerkung: Im Sinne der Darlegungen des § 5 handelt es sich hier nicht um Daten zur Geschichte der Erfüllungspolitik (d. h. die Versuche, die Reparationsverpflichtungen zu erfüllen), sondern nur um solche, die als Vorbereitung oder Ansätze einer Revision des Londoner Zahlungsplans oder des Versailler Vertrages von Bedeutung sind oder sein können.

Als Quelle zu dieser selbständigen Zusammenstellung diente mir bis November 1921 der Bericht der Niederrheinischen Handelskammer für 1921, S. 34, von da ab die fortlaufende Berichterstattung der großen Tageszeitungen, insbesondere der „Deutschen Allgemeinen Zeitung“. Das amtliche Urkundenmaterial findet sich in den „Aktenstücken zur Reparationsfrage“, Reichstagsdrucksache Nr. 4140, Wahlperiode 1921/22 (bis 7. April 1922), dazu 3 Nachträge: 1. 7. April 1922 bis zum Anleihebericht vom 10. Juni 1922; Reichstagsdrucksache Nr. 4484 derselben Wahlperiode; 2. für die Zeit vom 12. Juli bis 11. Dezember 1922: Denkschrift des Auswärtigen Amtes „Aktenstücke zur Reparationsfrage“ (Berlin 1922, ohne Nr.-Angabe) und 3. für die Zeit vom 26. Dezember 1922 bis zum 7. Juni 1923: Denkschrift des A. A. mit gleichem Titel (Berlin 1923, Nr. 10/1923). — Sämtliche „den Alliierten seit Waffenstillstand übermittelten deutschen Angebote und Vorschläge zur Lösung der Reparations- und Wiederaufbaufrage“ enthält die gleichnamige Denkschrift des Auswärtigen Amtes Nr. 5/1923, Berlin 1923 (Reichstagsdrucksache Nr. 6138, Wahlperiode 1920—23). — Besonderes Material: s. Fußnoten.

Eine vorzügliche Zusammenstellung aller irgendwie in bezug auf die Wirtschaftsentwicklung bedeutsamen Daten bietet die Broschüre: „Die Entwicklung der Reparationsfrage“, Chronik des wirtschaftlichen Niedergangs in Deutschland, abgeschlossen 31. März 1923, Zentralverlag G. m. b. H., Berlin 1923 (43 S.). Dieser Reparationskalender sollte fortgesetzt werden und monatlich erscheinen, was jedoch wegen der wirtschaftlichen Verhältnisse unterblieb. Zurzeit bereitet der Verlag eine die letzten Monate zusammenfassende Chronik vor.

1921:

12. Juni: Erste Wiesbadener Verhandlungen (Rathenau-Loucheur).
27. „ Fortsetzung der Wiesbadener Verhandlungen (Rathenau-Loucheur).
26. Aug. 2. Fortsetzung der Wiesbadener Verhandlungen (Rathenau-Loucheur).
6. Okt. Unterzeichnung des Wiesbadener Sachleistungs-Abkommens.
19. „ Ratifizierung des deutsch-amerikanischen Friedens.
20. „ Überreichung der Oberschlesien-Entscheidung an Deutschland.
21. „ Die Repko [1]) genehmigt das Wiesbadener Abkommen.
10.—20. Nov.: Verhandlungen der Repko in Berlin.
24. Nov.: Denkschrift des Sonderausschusses des Bundes der britischen Industrien.
14. Dez.: Deutschland beantragt bei der Repko einen Zahlungsaufschub.

1922:

7.—13. Jan.: Konferenz in Cannes.
13. Jan.: Canneser Entscheidung (Gewährung einer beschränkten vorläufigen Verzugsfrist).
27. Febr.: Vorläufiges Bemelmans-Abkommen (Sachleistungen).
15. März: Ruppel-Gillet-Abkommen [2]) (Sachleistungen).

---

[1]) Repko — Reparationskommission.

[2]) Zusatzabkommen vom 3. Juni 1922. Die beste Übersicht über die verschiedenen Sachleistungsabkommen geben J. Ruppel und A. Cuntze: „Die Reparationssachleistungen“, Berlin 1922: Verlag für Politik u. Wirtsch.

21. März: Entscheidung der Repko Nr. 1841. (Bedingte Bestätigung des Canneser Provisoriums in erweiterter Fassung [1]).
11. April bis 19. Mai: Konferenz von Genua [2]).
31. Mai: Entscheidung der Repko Nr. 1976: Der vorläufige Zahlungsaufschub wird jederzeit widerrufbar bestätigt.
2. Juni: Cuntze-Bemelmann-Abkommen (Sachleistungen).
10. ,, Anleihebericht der Sachverständigen an die Repko (Anleihe an Deutschland sei unmöglich).
12. Juli: Neuer Stundungsantrag Deutschlands an die Repko.
13. ,, Vorläufige Antwort der Repko, vgl. 30. Aug.
im Juli: Reparationsplan Trocquer (französische Wasserbaupläne).
im Sommer: Reparationsplan Horne-Blackett-Giannini [3]).
20. Juni—20. Juli: Verhandlungen mit dem Garantiekomitee in Berlin (18. Juli: Denkschrift des Garantiekomitees).
1. Aug.: Balfours Schuldenmanifest.
7.—14. Aug.: Londoner Konferenz der Gläubigerstaaten (ergebnislos abgebrochen).
18.—25. Aug.: Moratoriumsverhandlungen mit der Repko in Berlin.
30. Aug.: Entscheidung der Repko Nr. 2119 (Ablehnung des neuerbetenen Moratoriums, aber gewisse Zahlungserleichterungen zugestanden [4])).
Mitte/Ende Okt.: Reparationsplan Bradburys und französische Gegendenkschrift (Barthou).
7.—8. Nov.: Gutachten ausländischer Sachverständiger über das Problem der Markstabilisierung (auf Einladung der deutschen Regierung) [5]).
14. Nov. Deutsche Note an die Repko: Stabilisierungsplan und Anträge auf Revision der Verpflichtungen.

---

[1]) Deutschland braucht für 1922 nur 720 Mill. GM. in bar (in monatlichen Raten von 50—60 Mill. GM.) und 1450 Mill. in Sachleistungen zu zahlen, der Unterschied gegenüber der Verpflichtung aus dem Londoner Zahlungsplan wird zinspflichtig gestundet.

[2]) Hierüber bes. Weißbuch der deutschen Regierung erschienen: „Material über die Konferenz von Genua", Reichstagsdrucksache 1. Wahlperiode 1920 bis 1922, Nr. 4378.

[3]) Vgl. J. Wolf: Markkurs, Reparationen und russisches Geschäft, Stuttgart 1922, F. Enke, 81. Heft der finanz- und volkswirtschaftlichen Zeitfragen. S. 15 ff.

[4]) Erst sechs Monate später fällige Schatzbonds werden zahlungshalber angenommen. Deutsch-belgische Verhandlungen darüber im September 1922, zum Ergebnis gekommen nur durch hilfsbereites Eingreifen der Reichsbank und der Bank von England.

[5]) I. Brand, Cassel, Jenks, Keynes; II. Vissering, Dubois, Kamenka; III. Vissering, Dubois, Brand; IV. Brand. — Amtliche Veröffentlichung: Reichsdrucksache Nr. 5198, 1. Wahlperiode 1920/22.

9. Dez.: Brief Cunos an Bonar Law, enthaltend Vorschläge für die gleichzeitige Konferenz der Entente-Ministerpräsidenten in London (Provisorische Kursstützungsaktion, Anleihesystem).

1923:

2. Jan.: Pariser Konferenz der Alliierten: Poincarés Programm [1]), Bonar Laws Programm [2]), Entwurf der italienischen Delegation [3]).
4. ,, Ergebnisloser Abbruch der Pariser Konferenz.
9. ,, Die Repko stellt mit 3 gegen 1 Stimme ein „absichtliche Verfehlung" Deutschlands betr. Kohlenlieferungen nach § 17, Anhang II des VIII. Teils des Versailler Vertrages fest.
11. ,, Beginn des Ruhreinfalls [5]). Deutschland stellt daraufhin die Lieferung der Reparationskohle ein.
13. Jan.: Einstellung der Reparations-Sachleistungen im freien Verkehr an Frankreich und Belgien (aus dem Ruppel-Gillet- und dem Cuntze-Bemelmans-Abkommen).
16. ,, Weitere Feststellung deutscher Nichterfüllung durch die Repko (Viehlieferungen).
20. ,, Besondere Zollinie im neubesetzten Gebiet.
26. ,, Erklärung der Repko, ab 1. Jan. 1923 trete der Londoner Zahlungsplan wieder in Kraft.
1. Febr.: Verbot der Kohlen- und Koksausfuhr nach dem unbesetzten Deutschland.
11. ,, Ausfuhrverbot für metallurgische Erzeugnisse und sonstige Fabrikate aus dem neubesetzten Gebiet.
15. ,, Denkschrift des Auswärtigen Amtes über die Rechtswidrigkeit der französischen und belgischen Sanktionsmaßnahmen [6]).
20. April: Rede Lord Curzons im englischen Oberhause: Deutschland soll ein Angebot machen.

---

[1]) „Produktive Pfänder"! (Kohle, Holz, Zolldevisen).

[2]) Herabsetzung auf 50 Milliarden Goldmark mit Zinsstundungen für die ersten vier Jahre.

[3]) Gleiche Herabsetzung, Moratorium für 2 Jahre, Pfänder (bes. Zölle), und Kontrolle). Vgl. Denkschrift des Ausw. Amts: „Die Pariser Konferenz" (Nr. 1, 1923).

[4]) Schon vorher (26. Dez. 1922) ähnliche Feststellung betr. die Holzlieferungen.

[5]) Amtl. Material: Aktenstücke über den französisch-belgischen Einmarsch ins Ruhrgebiet, Denkschriften des Ausw. Amtes Nr. 2, 3, 4 und 9, 1923 (1.—4. Folge).

[6]) Vgl. auch die Verhandlungen der Deutschen Gesellschaft für Völkerrecht vom 13. bis 16. März 1923 in Leipzig, Referat Prof. Meurer (DAZ Nr. 144/5 vom 28. März 1923 und Nr. 156/7 vom 6. April 1923).

2. Mai:	Neues deutsches Angebot (Cuno): 30 Md. GM., Atempause bis 1927.
6. ,,	Ablehnende französisch-belgische Antwortnote.
13. ,,	Ablehnende Antworten aus London und Rom.
29. ,,	Schreiben des Reichsverbandes der deutschen Industrie an den Reichskanzler (Anteilgarantieangebot).
1. Juni:	Schreiben der Gewerkschaften.
7. ,,	Ergänzendes Memorandum der deutschen Regierung zur Note vom 2. Mai.
11. Aug.:	Die deutsche Regierung erklärt ihre tatsächliche Unfähigkeit, weitere Sachlieferungen an irgendeine Macht zu bewirken.
24. Sept.:	Beschluß des Kabinetts, den passiven Widerstand aufzugeben.
24. Okt.:	Antragsnote der deutschen Regierung an die Repko, gemäß Art. 234 des Versailler Vertrages die Leistungsfähigkeit Deutschlands zu prüfen.

Nachwort.

Während der Drucklegung dieser Untersuchung haben sich in der deutschen Wirtschaft zwei Umwälzungen vollzogen, die wenigstens andeutungsweise erwähnt sein mögen: 1. die Umstellung des deutschen Geldwesens auf die Rentenmark und 2. die Angleichung des inländischen an das Weltmarktpreisniveau.

1. Die Umstellung des deutschen Geldwesens ist, nachdem der Dollar die schwindelnde Höhe des einbillionenfachen Friedensstandes erreicht hat (amtliche durchschnittliche Dollarnotiz in Berlin seit dem 20. November 1923: 4,2 Billionen Papiermark), durch die Begründung der deutschen Rentenbank[1]) und die Einführung der von ihr emittierten Rentenmark in den Verkehr erfolgt. Getragen von dem Vertrauen der Wirtschaft, ist diese Umstellung des gesamten Geldverkehrs (vor allem auch in der Preisbildung und bei den Lohnfestsetzungen) verhältnismäßig glatt vor sich gegangen, und die Befreiung der Wirtschaft von dem Papiermarknebel hat beruhigend und reinigend gewirkt. Gegenüber zu optimistischen Vorstellungen in bezug auf die nächste Entwicklung muß aber festgestellt werden, daß die deutsche Volkswirtschaft durch die Ausgabe der Rentenmark um keinen Pfennig reicher geworden ist, daß es sich vielmehr bei der Rentenmark um nichts anderes handelt als um eine Antizipierung künftiger Steuer- oder Wirtschaftserträge. Die Produktionsbilanz hat keine Verbesserung erfahren. Wieweit sich der durch die Möglichkeit wertbeständiger Anlage neu befruchtete Spartrieb mit der Zeit günstig auf diese Bilanz auswirkt — Verzicht auf Konsumton zugunsten der Vermögensbildung —, läßt sich vorderhand noch nicht beurteilen. Jedenfalls kann die Kaufkraftbeständigkeit der Rentenmark nur gewahrt werden, wenn von privater wie von staatlicher Seite die rigorosesten Anstrengungen gemacht werden, das volkswirtschaftliche Mißverhältnis zwischen Produktion und Konsumtion auszugleichen. Dieses Mißverhältnis kann durch

[1]) Reichs-Verordnung vom 15. Okt. 1923, R.G.Bl. I 1923, S. 963.

Steigerung der individuellen Arbeitsleistung, vielleicht auch um ein geringes durch weitere Einschränkungen im Verbrauch gemildert werden. Durchgreifender kann nur die Mehrung der Arbeitsgelegenheiten unter Erschließung neuer Quellen der Gütererzeugung helfen durch Nutzbarmachung der ausgedehnten Moor- und Ödländereien, Umwandlung der Wasserkräfte und Braunkohlenlager in elektrische Energie, Erneuerung und Verbesserung des Produktionsapparates und Verfeinerung der Arbeitsmethoden.

Aber es wäre eine Täuschung zu glauben, daß durch alle diese Mittel die Minderung an Produktivkraft wettgemacht werden könnte, die die deutsche Volkswirtschaft durch den Verlust ihrer Erz- und Steinkohlenlager in den annektierten und besetzten Gebieten und durch den Verlust ihrer besten agrarischen Überschußprovinzen erlitten hat.

2. Mit der Angleichung des inländischen an das Weltmarktpreisniveau, die sich im November / Dezember 1923, zum Teil in sehr schroffer Form, vollzog, ist, wenn man die Dauerhaftigkeit des Vorgangs unterstellt, der Zustand der potentiellen Valutaschwäche für Deutschland zum Abschluß gelangt. Dies ist trotz der verschärften Not, in die alle Konsumentenschichten gebracht sind, und trotz der wachsenden Schwierigkeiten, mit denen nunmehr der deutsche Export zu rechnen hat[1]), nur zu begrüßen. Je deutlicher man harte Tatsachen vor sich sieht und je schärfer sie jeder einzelne zu spüren bekommt, um so eher ist eine Wendung zum Besseren zu erwarten. Auch wenn das deutsche Volk keinen Pfennig mehr an Reparationen zu leisten brauchte, muß es einen langen Weg der Entbehrung gehen, ehe es wieder zu materiellem Wohlstand gelangt.

Berlin, den 1. Januar 1924.

Dr. Gunther-Erfrid Heinecke.

---

[1]) Vgl. oben § 24 unter II. B. 2.

MIX
Papier | Fördert gute Waldnutzung
FSC® C083411

Kolibri 360 GmbH
Ferdinand-Jühlke-Straße 7
99095 Erfurt, Deutschland
produktsicherheit@kolibri360.de